Wilfried Dieterichs

… und ihr habt alle ›Heil‹ geschrien!

RHEIN
MOSEL
VERLAG

3. Auflage 2025
RHEIN-MOSEL-VERLAG
Bundesbahnhof 1, 56859 Bullay / Mosel
Deutschland
Tel.: 06542 / 5151
E-Mail: rhein-mosel-verlag@t-online.de
www.rhein-mosel-verlag.de

ISBN 978-3-89801-455-7
Ausstattung: Stefanie Thur
Korrektorat: Melanie Oster-Daum
Umschlagfoto: Jordan Holiday / pixabay.de

Damit die kulturelle Vielfalt erhalten und für die Leser bezahlbar bleibt, gibt es die gesetzliche Buchpreisbindung. Deshalb kostet ein verlagsneues Buch in Deutschland immer und überall dasselbe. Ob im Internet, in der Großbuchhandlung, beim lokalen Buchhändler, im Dorf oder in der Großstadt – überall bekommen Sie Ihre Bücher zum selben Preis.

Sachsenhausen Groß-Rosen Auschwitz
Mittelbau-Dora Bergen-Belsen

Sieben Schicksalsjahre im KZ
Die Lebensgeschichte des Juden Bernhard Strauß

... und ihr habt alle ›Heil‹ geschrien!

Eine Dokumentation von Wilfried Dieterichs

Rhein-Mosel-Verlag

Inhaltsverzeichnis

Vorwort 7

Die Lebensgeschichte des Juden Bernhard Strauß 9

Sachsenhausen 36

Groß-Rosen 56

Auschwitz 66

Mittelbau-Dora (Nordhausen) 89

Bergen-Belsen 96

Zurück in der Heimat 102

Epilog 144

VORWORT

Jahrzehnte hat es gedauert, bis diese Lebensgeschichte geschrieben werden konnte. Sie ist ein besonders schockierendes Beispiel zum Thema Judenverfolgung während der nationalsozialistischen Terrorherrschaft. Die seit Generationen in Bad Ems lebende Familie Strauß ist nicht zuletzt durch das Schicksal der 1943 im Rahmen der »Aktion T4« in der hessischen Tötungsanstalt Hadamar ermordeten Kinder Willi (damals 14) und Horst Strauß (damals 12) bekannt geworden.

Über ihren Vater Bernhard (Jahrgang 1910) wusste man bisher nur so viel, dass er als eines der frühen NS-Opfer aus seiner Heimat verschleppt wurde und erst 1945 nach sieben Jahren (2509 Tagen) KZ-Haft zurückkehrte. Er war ein Mensch aus unserer Mitte, mit Stärken und Schwächen. Nach langen Recherchen und intensiver Spurensuche in deutschen, polnischen und russischen Archiven entstand diese Biografie einer grausamen Odyssee durch fünf Konzentrationslager und des leidvollen Überlebens hinter Stacheldraht. Sie ist ein besonderes Kapitel der dunkelsten deutschen Vergangenheit.

Viele Details seiner Lebensgeschichte mussten anhand der mir vorliegenden Dokumente rekonstruiert werden. In den persönlichen Erinnerungen des Protagonisten wurden oft Zeiten und Orte verwechselt, Bernhard Strauß hatte manches verdrängt oder sogar vergessen. Ergänzt wird der Rückblick durch zeitgeschichtlich begleitende Ereignisse vor und während der NS-Herrschaft. Der Titel entstammt einem Zitat des Protagonisten.

Diese Dokumentation ist auch eine Bestandsaufnahme zur Stimmung in den Nachkriegsjahren, und sie schildert, wie der Heimgekehrte den Neubeginn in seiner Heimat erlebt hat. Sie soll dem Leser die Gemütslage jener Zeit vermitteln, in der »Vergangenheitsbewältigung« noch ein Fremdwort – und von Schuld nur selten die Rede war. Wer der NSDAP oder einer ihrer Gliederungen angehörte, ob als Funktionär oder passives Mitglied, darüber haben nur wenige gesprochen. Und es war ein gesellschaftliches Tabu, die aus dem Zweiten Weltkrieg zurückgekehrten Soldaten nach ihren Erlebnissen und Taten zu befragen. Die Jahre 1933 bis 1945 wurden im kollektiven Gedächtnis der Deutschen dies- und jenseits des Eisernen Vorhangs ausgeblendet. Und das mit amtlichen Vorgaben, denn im Geschichtsunterricht der Schulen hat es die Zeit des Nationalsozialismus nicht gegeben.

Das vorliegende Buch wurde während der Corona-Krise geschrieben und im Januar 2022 fertiggestellt. Keiner weiß in dieser unbestimmten Zeit, wie es nun weitergehen soll. Ein Gefühl, das die Opfer des Nationalsozialismus unter weitaus grausameren Umständen belastet hat.

Wilfried Dieterichs

Die Lebensgeschichte des Juden Bernhard Strauß

Bernhard ist kein Wunschkind, nur der naturgegebene Zuwachs im normalen Familienleben der nachwuchsreichen Kaiserzeit. Stammhalter gibt es bereits im Haushalt des Bad Emser Juden August Strauß. Die Nachfolge des Fleischermeisters ist schon durch zwei Söhne gesichert. Der dritte Junge kommt am Morgen des 20. Mai 1910 um 2.20 Uhr mit Hilfe einer Hebamme als Hausgeburt zur Welt.[1] Bernhard ist damit das vierte Kind (Ludwig, Siegfried, Karola, Bernhard, Margot, Walter) der Eheleute August und Netta Strauß (geborene Salomon).[2] »*Ein munterer Bub*«, erinnern sich alte Nachbarn in den späten 50er Jahren an »*Strauße Bernhard*«. So heißt es im heimischen Volksmund, wenn von ihm die Rede ist. Warum sich die Eltern zu diesem Namen germanischen Ursprungs entschlossen haben, bleibt ungeklärt. Er ist beliebt und betont die männlichen Ideale, Bern steht für das altdeutsche Wort *bero* (Bär), die Endsilbe hard kommt von *harti* (hart, tapfer und stark). Es sind Eigenschaften, die man zu Kaisers Zeiten für den männlichen Nachwuchs wünscht.

August Strauß betreibt eine Metzgerei in der Coblenzer Straße 4, im unteren Stadtteil von Bad Ems.[3] Und dort lebt auch die Familie. Sein Vater Jakob gründet das Familienunternehmen mit der Geschäftseröffnung am 24. März 1882. So ist es mit einem Inserat im Emser Lahn-Boten[4] dokumentiert. Er bietet die *bes-*

1 Geburtsurkunde des Standesamtes Bad Ems, Nr. 84 v. 23.5.1910.

2 August Strauß ist am 24.5.1876 in Bad Ems zur Welt gekommen, seine Frau Netta (geborene Salomon, *7.3.1878) stammt aus Vallendar.

3 Coblenzer Straße 4: auch Bargasse genannt, die Gebäudenummern werden später mehrmals geändert, und auch die Schreibweise.

4 Lahn-Bote v. 24.3.1882: Geschäftseröffnung (Metzgerei Jakob Strauß), um 1896 übernommen von Christian Zimmerschied, der dort einen Fleischereibetrieb hatte. Einen belegbaren Nachweis zum späteren Nachfolger August Strauß (*damals Coblenzer Straße* 4) findet man im Bad Emser Adressbuch von 1906.

Geschäfts-Eröffnung.

Einem geehrten Publikum die ergebene Anzeige, daß ich am heutigen Tage

Nr. 6 Coblenzerstrasse Nr. 6 eine

Metzgerei

eröffnet habe. Durch meine langjährige Erfahrung ist mir zum Prinzip geworden nur die **besten Qualitäten** in **Wurst- und Fleischwaaren** zu führen und werde bemüht sein, einer geehrten Kundschaft, Freunde und Gönner auf's Beste zu bedienen. Um gefl. Zuspruch bittet

achtungsvoll

Jakob Strauß,

Nr. 6 Coblenzerstrasse Nr. 6.

Auf die für meine geehrten Abnehmer speziell selbstgefertigte geräucherte **Hamburger Fleischwurst** mache besonders aufmerksam.

Geschäfts-Eröffnung der Metzgerei Jakob Strauß, inseriert im »Lahn-Bote« vom 24. März 1882

ten Qualitäten in Wurst- und Fleischwaaren[5], und macht dabei besonders auf seine *speziell selbstgefertigte Hamburger Fleischwurst* aufmerksam. Mit diesem Start gehört Jakob Strauß zu den ersten jüdischen Unternehmern in der Kurstadt. Irgendwann um 1895 muss er seinen Laden dem Metzgermeister Christian Zimmerschied[6] überlassen haben, bis sein inzwischen volljähriger Sohn August den Betrieb nach der Jahrhundertwende ab 1906 nachweisbar wieder weiterführt.

Bad Ems hat eine lange jüdische Tradition, und das seit dem 17. Jahrhundert. Schon damals suchen Wohlhabende dieser Glaubensgemeinschaft nach beschwerlicher Anreise die Heilquellen des Ortes auf. Bereits 1665 wohnen dort mindestens fünf Juden, 1738 haben sich in der Lahngemeinde schon acht jüdische Familien niedergelassen. Sie arbeiten als Handwerker

5 Fleischwaaren: Vor der Orthografie-Reform von 1901 wurde das Wort mit zwei a geschrieben.

6 Christian Zimmerschied: unter diesem Namen ist die Metzgerei im Bad Emser Adressbuch von 1896 mit der Anschrift *Coblenzer Straße 4* eingetragen, im Adressbuch 1906 steht dazu wieder der Name Strauß (August Strauß).

und Händler, gründen Gasthäuser oder Beherbergungsstätten – und fühlen sich sicher im liberalen Herzogtum Nassau. Das dokumentiert ein Bericht in der »Allgemeinen Zeitung des Judentums«: »*Wir verspüren in unserem Lande – Gott sei Dank – noch nichts von jener heillosen Ausschließungssucht, wie sie sich in so manchen großen und kleinen Staaten unseres weiten Vaterlandes gegen unsere Glaubensgemeinschaft wieder geltend macht*«.[7] Bereits 1792 beantragen sie den Bau einer Synagoge, 1837 wird der 18 Meter lange und elf Meter breite Saalbau mit dem angrenzenden Badehaus für die jüdischen Frauen auf dem Grundstück Römerstraße 65 seiner Bestimmung übergeben.[8] Im Jahr 1900 sind 189 der 6492 Bad Emser Bürger israelitischer Abstammung. Sie leben nach ihren traditionellen Regeln, nehmen aber auch regen Anteil am kommunalen Geschehen, und bringen sich dort bis zum Beginn der nationalsozialistischen Ausgrenzungspolitik ab März 1933 in allen gesellschaftlichen Bereichen (Politik, Sport, Kultur) vielseitig ein.

Die Koblenzer Straße mit ihren Seitengassen ist ein typisches Viertel der heimischen Gewerbetreibenden im unteren Stadtteil von Bad Ems, zu einer Zeit als man die weltbekannte Kurstadt noch in »Dorf« und »Bad« trennt. Bäcker, Gärtner, Tapezierer, Schlosser, Klempner, Schreiner, eine Wäscherei, Akademiker, städtische Angestellte und Bergleute der nahen Blei- und Silbergruben sind Nachbarn der bekannten Schlachterei.[9] Sie leben in Eintracht und gutem Einvernehmen, soweit es nicht mal kleine-

---

7 http://www.alemannia-judaica.de/bad_ems_synagoge.htm

8 Während der Pogrome am 10. November 1938 wurde die Bad Emser Synagoge von SA-Horden und einheimischen Helfern verwüstet. Im März 1939 übernahm die Stadt das Gebäude als Lagerhalle, unter anderem für die staatlich organisierten Altstoffsammlungen. 1953 kaufte ein Bad Emser Handwerksmeister das Grundstück. Er ließ die Synagoge abreißen, baute an ihre Stelle ein Wohn- und Geschäftshaus.

9 Der »Handwerker-Brunnen« in der Bad Emser Friedrichstraße erinnert an die Tradition der dort über Generationen hinweg und nach 1945 noch drei Jahrzehnte angesiedelten Gewerbebetriebe. Er ist ein Gemeinschaftswerk

re Differenzen wegen versäumter Straßenreinigung, blockierter Ausfahrten, Kinderstreichen oder unbezahlter Rechnungen gibt.

In der Nacht zu jenem Freitag, an dem Bernhard Strauß geboren wird, schauen die Anwohner des Viertels erwartungsvoll zum Himmel, es ist die Nacht des »Halley'schen Kometen«. Der Heidelberger Astronom Max Wolf hat das Erscheinen des Objekts für 4.24 Uhr mit dem Hinweis angekündigt, es sei durch *»Störungsaktionen von Jupiter und Saturn von seiner ursprünglichen Bahn abgelenkt worden«*.[10] Diese auch in der Bad Emser Lokalpresse verbreiteten Details sind der Anlass für wildeste Spekulationen und Weltuntergangsszenarien. Die Erdachse könne sich verschieben, ausufernde Ozeane ganze Erdteile überfluten, so und ähnlich brodeln die Gerüchte. Und manche sehen auch den Tod von Englands König Edward VII. als warnendes Omen. Der 68-jährige wird an diesem grauen Frühjahrstag in Windsor beigesetzt. Auch sein Neffe, Deutschlands Kaiser Wilhelm II. ist mit Monarchen und Staatsmännern aus 70 Ländern angereist. Aber »Halley« ist in jener wolkenverhangenen Nacht in weiten Teilen Europas und auch in Bad Ems überhaupt nicht zu sehen. Und in der unteren Koblenzer Straße, auch »Bargasse« genannt, sind vermutlich nach dem obligatorischen Klaps der Hebamme nur die ersten Schreie von Bernhard Strauß zu hören. Ein kräftiger Junge, der in seinem ereignisreichen Leben noch viel überstehen muss. Draußen in der Stadt wuchern nach dem »verdeckten Naturereignis« – wie überall im Deutschen Reich – von Tag zu Tag neue Gerüchte und Legenden in dieser von Zweifeln und Aberglaube geprägten Kaiserzeit.

---

der Keramikkünstlerin Lies Ebinger und ihres Bruders Rudolf (Rudi) Spornhauer (Steinmetzmeister), die in dieser Straße aufgewachsen sind.

10 DER SPIEGEL v. 17.5.2010: »Der Tag an dem die Welt durchdrehte« – und zeitnahe Berichte der Lokalpresse (Emser Zeitung, Lahn-Bote, Nassauer Bote).

Vier Jahre später kommt die tatsächliche Katastrophe, anders als vorhergesagt, und provoziert von vielen Seiten. »*Es ist Krieg*«, schreit am Abend des 31. Juli 1914 ein Mann, der mit fliegenden Rockschößen durchs Kurviertel radelt. In der Kurstadt herrscht bereits eine bedrückende Stimmung. Einen Tag später verkünden überall rote Plakate die Mobilmachung. Schon in der folgenden Nacht rollen auf dem Schienenweg Truppentransporte durchs Lahntal, tagelang ziehen Soldaten-Kolonnen durch die Stadt in Richtung Koblenz, es ist das erste große Reservisten-Aufgebot der preußischen Provinz Hessen-Nassau.

Da ist Bernhard Strauß vier Jahre alt. Vielleicht steht auch er, wie manche Spielkameraden mit Papierhelm und Fähnchen vor der Metzgerei neugierig und jubelnd am Straßenrand. Sein Vater wird nach den offiziellen Einberufungsvorgaben nicht eingezogen, mit 38 Jahren ist er für den aktiven Kriegsdienst schon zu alt. Wilhelm Obel, ein fünf Jahre jüngerer Zunftkollege in der Marktstraße, muss zu den Waffen und darum den Laden schließen. Seine Wurst- und Fleischwaren verkauft er bis dahin zu Sonderpreisen. *Ein Pfund Kalb- und Ochsenfleisch gibt's für 80 Pfennige,* verkündet er in einem Inserat der »Emser Zeitung«.[11]

Doch August Strauß und seiner großen Familie wird es bereits in den kommenden Monaten nicht viel besser ergehen als seinen dienstverpflichteten jüngeren Mitbürgern und ihren zurückgebliebenen Angehörigen. Das Fleisch wird knapp, die Soldaten an der Front müssen versorgt werden, in der Heimat folgen Hungerjahre. Und schließlich eilen sogar die Bad Emser Metzger zum Bahnhof, um dort wie alle Einheimischen für den Eigenbedarf eine der kärglichen Krautrationen zu empfangen. Die den Kunden zugeteilten Fleisch- und Wurstrationen sind schon auf ein Minimum begrenzt. Nur *150 Gramm Schlachtvieh-*

---

11 SABE: Emser Zeitung v. 28.8.1914.

fleisch darf am 30. März 1917 gegen Vorlage der Lebensmittelkarte abgegeben werden.[12]

Viele in der Stadt bangen mit dem kriegsbedingten wirtschaftlichen Niedergang um ihre Existenz. Die Mieten steigen, Vermieter reklamieren Eigenbedarf, es drohen Kündigungen. In diesen kritischen Zeiten will August Strauß endgültig unabhängig werden. Die Gelegenheit ist günstig, der benachbarte Kaufmann Heinrich Linkenbach braucht im dritten Kriegsjahr dringend Geld, sein Haus Friedrichstraße 13 soll den Eigentümer wechseln. Für Strauß ein idealer Standort, und gleich um die Ecke. Seine Wohnung hat er dort bereits seit 1916, denn über dem Laden in der Koblenzer Straße 4 ist es für die größer werdende Familie zu eng. Um den Preis der Immobilie wird zwar heftig gefeilscht, aber man ist sich schnell – und wie unter Kaufleuten üblich – mit Handschlag einig. August und Netta Strauß[13] werden dank finanzieller Unterstützung ihrer Eltern gleichberechtigte Hausbesitzer, und dort eröffnen sie kurz darauf ihr neues Geschäft.

In diesen von Bangen und Hoffen geprägten Jahren wächst Bernhard heran. Als Achtjähriger erlebt er im November 1918, nach dem Waffenstillstand von Compiegne, die Rückkehr einer zerschlagenen Armee. Männer mit Krücken und Verbänden schleppen sich durch seine Heimatstadt, abgemagerte Zugtiere ziehen den traurigen Rest vom 1. Weltkrieg nach Hause. Müde rasten Soldaten am Bahnhofsvorplatz, im Bereich des Kurhauses, am Rathaus und vor der alten Turnhalle in der Viktoriaallee. Ihnen bleibt nicht viel Zeit zum Ausruhen, denn fremde Streitkräfte sind bereits im Anmarsch.

Bad Ems wird am 13. Dezember 1918 von französischen Truppen besetzt. Es beginnt eine bedrückende Zeit mit ständig neuen Verordnungen, Auflagen und auch Repressalien, die viel

---

12 Emser Zeitung v. 30.3.1917: amtliche Anzeige des Bad Emser Magistrats (Fleischeinheitsmenge und städtische Fleischverteilung)

13 Kauf der Immobilie Friedrichstraße 13: August und Netta Strauß sind 1919 beide als Hausbesitzer im Grundbuch eingetragen.

Unmut und Widerstand in der Bevölkerung auslösen. August Strauß bemüht sich, das Beste aus der Situation zu machen, seine Familie soll auch diese magere Zeit überstehen. Die Kinder wachsen bei allen Problemen in einem relativ gesicherten Milieu heran, und der Sohn Bernhard erlebt seine jungen Jahre in einer freundschaftlich verbundenen und damit behüteten Umgebung. An Zuwendung mangelt es nicht, hin und wieder spendiert der Vater den sechs Kindern trotz knapper Kasse auch immer noch ein paar Groschen für die Sonntagsvorstellungen im Hohenstaufenkino in der Römerstraße 62 oder für die im unteren Stadtteil stattfindenden Kirmesvergnügen. Sie müssen sich nicht nach den Pfennigen bücken, die ausländische Kurgäste zu ihrem Vergnügen zwischen den Marktständen in die balgende Menge werfen.[14]

August Strauß rechnet trotz fremder Mächte und deutlichen Einschränkungen mit besseren Zeiten. Er ist ein optimistischer und fortschrittlicher Mann, der als einer der ersten im Viertel seit Jahren ein Telefon besitzt und damit unter der Nummer 130 auch stets für seine besten Kunden der Gastronomie und Hotels im Kurviertel erreichbar ist.[15] Er investiert auf solider Grundlage für eine sichere Existenz und den Start in die geplante Zukunft. Zu dieser Zeit gibt es in Bad Ems noch 16 Metzgereien, davon fünf jüdische Betriebe, die neben dem üblichen Angebot auch koschere Fleischwaren verkaufen.

Siegfried und Bernhard sollen bei ihrem Vater den Beruf des Metzgers erlernen. Mit den Söhnen erwartet er einen für Generationen übergreifenden Fortbestand des Familienunternehmens. Aber noch dürfen sie neben den kleinen Hauspflichten, wie Botengänge zu den Kunden, ihre Kindheit ausleben. Beim Spiel »auf der Gass«, wie man es im heimischen Umfeld

---

14 Wohlhabende Kurgäste mischten sich an den Markttagen unter das Volk und machten sich ein Vergnügen daraus, den Kindern beim Rangeln um ihr hingeworfenes Kleingeld zuzuschauen.

15 SABE: Verkehrs- und Adressbuch Unterlahn (Diez, Nassau, Bad Ems, Ober- und Niederlahnstein) 1925/26.

nennt, oder beim Fußball auf dem nahen Jahnplatz. Bernhard sei ein besonders lebhaftes Kind gewesen, heißt es in später überlieferten Erinnerungen von Nachbarn und Mitschülern[16]. »*Wo was los war, da war auch Strauße Bernhard dabei*«, berichtet einer der früheren Spielgefährten in den sechziger Jahren seinen Stammtisch-Freunden.[17]

Bernhard Strauß bestätigt in seinen Erzählungen, dass es vor 1933 keine Probleme zwischen christlich getauften und jüdischen Kindern und Jugendlichen gab: *Zu dieser Zeit war der Umgang normal, bis die Nazis kamen.* Man nimmt auch an den christlichen Bräuchen teil, ist Ostern beim Eiersuchen dabei, feiert mit Christen Weihnachten und zieht an den jährlichen Lampion-Umzügen zum Martinstag mit den Andersgläubigen durch die Stadt. Sogar der Karneval wird nach landesüblicher Tradition ausgelebt, zumal es bei den Juden mit dem fast zeitgleichen Purim-Fest[18] ähnliche Traditionen des Verkleidens gibt. Und so toben auch die Kleinsten in ihren bunten Maskeraden gemeinsam durch die Straßen der Kurstadt.

Während seine christlich erzogenen Alterskameraden zur ersten Kommunion oder Konfirmation gehen, feiert der Sohn des jüdischen Metzgers mit 13 Jahren die religiöse Mündigkeit als großes Geburtstagsfest Bar Mitzwa. Damit wird er vom Bezirksrabbiner Dr. Laser Weingarten offiziell in die jüdische Gemeinde aufgenommen. Es ist nach hebräischer Zeitrechnung das Jahr 5683. Nun muss er wie alle erwachsenen Männer in der Synagoge religiöse Pflichten erfüllen, dazu gehört auch das Ritual

---

16 Nach überlieferten und dem Autor in den 90er Jahren so berichteten Erinnerungen ehemaliger Nachbarn und Mitschüler von B. Strauß.

17 Archiv Dieterichs: Aus Interviews und Zeitzeugenberichten.

18 Purim: ein Feiertag im ersten Jahresquartal, der an die Rettung des von der Vernichtung bedrohten jüdischen Volkes in der persischen Diaspora erinnert. Die Bräuche sind vergleichbar mit dem Karneval der Christen, Kinder verkleiden sich, Erwachsene scherzen und feiern mit Alkohol. Wenn Purim auf einen Freitag fällt, wird drei Tage lang gefeiert.

des öffentlichen Vorlesens der Thora. Rudolf Strauß,[19] Bruder seines Vaters, ein frommer Fleischermeister im Nachbardorf Nievern und dort Vorsteher seiner Glaubensgemeinschaft hat ihn darauf vorbereitet. Bernhard Strauß: *von meinem Onkel habe ich Hebräisch und das Lesen der Thora gelernt, und dann musste ich beim Gottesdienst vorlesen und auch vorsingen.* Streng nach uraltem jüdischem Brauch mit der obligatorischen Kippa (Kopfbedeckung), dem Gebetsschal und den Lederriemen, die beim Vorlesen eine Hand und den Kopf mit der Thora verbinden.

Die Kinder von August Strauß werden zwar nicht besonders streng religiös erzogen, aber den Traditionen bleibt der Vater treu, er nimmt mit seiner Familie regen Anteil am jüdischen Gemeindeleben. Sein Sohn erinnert sich 1987: *Die Feiertage und die Fastentage haben wir alle gehalten, die waren ja meistens an den Wochentagen, da hatten auch wir geschlossen. Nur samstags* (an Sabbat, dem offiziellen jüdischen Ruhetag) *konnten wir nicht schließen, weil das unser Hauptverkaufstag war.*

Die jüdischen Feiertage werden von der Familie fast ausnahmslos wahrgenommen. Strauß erinnert sich im späteren Gespräch: *Da war zum Beispiel der »lange Tag«, der Fastentag, da durften wir vierundzwanzig Stunden nichts essen. Da waren wir den ganzen Tag über in der Synagoge.* Oder an Pessach, dem jüdischen Osterfest: *Da durften wir kein normales Brot essen, nur Matzen,*[20] *das mussten wir so acht Tage lang. Auch die koscheren Regeln während dieser Zeit wurden streng eingehalten, obwohl wir ja nicht streng erzogen waren.*

Im Herbst folgen das jüdische Neujahrsfest »Rosch Haschana« (»Haupt des Jahres«) und zur traditionellen Erntedankfeier

---

19 Rudolf Strauß und seine Frau Johannette zogen infolge der Novemberpogrome 1939 nach Frankfurt, ihre letzte Nachricht an eine befreundete Familie in Nievern stammt vom 30.9.1940. Danach wurden sie ins KZ Theresienstadt verschleppt und dort ermordet.

20 Matzen: ein dünner ungesäuerter Brotfladen, er wird zur Erinnerung an den biblisch überlieferten Auszug der Israeliten aus Ägypten gegessen.

das Laubhüttenfest.[21] Wie Strauß berichtet, wurde es in vielen Hausgärten strenggläubiger Bad Emser Juden zelebriert. Die Familien verbringen dann dort eine Woche in der selbstgebauten »Sukkah«, in Hütten aus Zweigen, Latten und Laubwerk. Strauß: *Aber das haben wir nicht mitgemacht.* Auch manch andere religiösen Bräuche werden von ihnen nicht wahrgenommen. Während sich Glaubensbrüder nach überliefertem Ritual und kompliziertem Reinheitsgebot zuhause wuschen, sei die Familie Strauß regelmäßig ins nur zweihundert Meter entfernte städtische Volksbad an der Viktoriaallee gegangen, erinnern sich Jahrzehnte später Zeitzeugen.[22] Strenggläubige Jüdinnen trafen sich zur Körperpflege im jüdischen Badehaus, ein Anbau der Synagoge, der ausschließlich den Frauen vorbehalten war, betont der letzte Jude von Bad Ems in seinen Erzählungen.

Seit 1916 besucht Bernhard Strauß die nur 350 Meter entfernte Schillerschule, er wird nach geordnetem Abschluss 1924 ins Berufsleben entlassen. Mit seinem Bruder Siegfried lernt er beim Vater das Schlachterhandwerk. Aber noch während der zwölf Jahre andauernden Besatzungszeit kommt es zur familiären Katastrophe: August Strauß stirbt am 28. Juli 1925 nach *langem, schwerem, mit großer Geduld ertragenem Leiden*[23] im katholischen Marienkrankenhaus von Bad Ems, er wird nur 49 Jahre alt. Die zahlreichen Beileidsbekundungen aus allen Kreisen der Bürgerschaft belegen, dass ein geachteter und beliebter Bürger von ihnen gegangen ist. Ein Schock für die Hinterbliebenen. Der Ernährer ist tot, wer soll das Gewerbe nun fortführen? Bernhard ist erst 15 Jahre alt und im ersten Lehrjahr, sein

---

21 Laubhüttenfest: wird jedes Jahr im Herbst als »Fest des Einsammelns« nach der Obsternte und Weinlese gefeiert. Es erinnert an die Zeit der Wüstenwanderung als das israelitische Volk in selbstgebauten Hütten oder Zelten lebte.

22 Archiv Dieterichs: Erinnerungen unter anderem von Karl Roos, sein Vater Josef Roos war seit 1922 Badewärter im städtischen Volksbad.

23 Emser Zeitung v. 29.7.1925: Todesanzeige August Strauß.

Todes-Anzeige.

Tieferschüttert machen wir Freunden und Bekannten die traurige Mitteilung, daß mein herzensguter, treusorgender Gatte, unser lieber Vater, Bruder, Schwager und Onkel

Herr August Strauß

Metzgermeister

im Alter von 49 Jahren nach langem, schwerem, mit großer Geduld ertragenem Leiden heute nachmittag 3 Uhr uns durch den Tod entrissen wurde.

Im Namen der trauernden Hinterbliebenen:

Frau August Strauß und **Kinder.**

Bad Ems, den 28. Juli 1925.

Die Beerdigung findet Donnerstag, den 30. Juli, nachmittags 4 Uhr von der Leichenhalle des israel. Friedhofs statt.

Von Beileidsbesuchen bittet man abzusehen.

Todesanzeige von August Strauß in der »Emser Zeitung« vom 29.07.1925

Bruder Siegfried darf nach drei Gesellenjahren ohne Meisterprüfung die Nachfolge noch nicht antreten. Und damit beginnen die ersten Existenzprobleme.

Die Witwe Netta Strauß betreibt das Geschäft mit den Söhnen weiter, beratend unterstützt von ihrem Schwager, dem Metzgermeister aus Nievern. Das sei so bis 1934 gewesen, erinnern sich ehemalige Kunden und Nachbarn.[24] Dann muss der Betrieb nach dem sichtbar zunehmenden Rückgang der Kundschaft wegen finanzieller Schwierigkeiten, und schließlich unter dem Druck der Behörden geschlossen werden. Seit März 1934 ist Bernhard Strauß arbeitslos. Und damit folgen auch die Verbote und Ein-

24 Erinnerungen von Lis Ebinger (früher Spornhauer, Jahrgang 1929), damals Nachbarin der Familie Strauß und die zu dieser Zeit ein Kind, dem Frau Strauß eine Puppe schenkte.

Das ehemalige Elternhaus von Bernhard Strauß, Friedrichstraße 13 in Bad Ems (Foto: W. Dieterichs)

schränkungen für sein weiteres Erwerbsleben, denn nach den neuen staatlichen Verordnungen darf ihm als Jude keine neue Arbeitsstelle vermittelt werden.[25] Er bekommt zwar für sechs Wochen gegen geringen Lohn eine Beschäftigung als Gemeindearbeiter im Bad Emser Stadtwald, eine Weiterbeschäftigung scheitert aber an den Vorgaben und Verboten von Partei und Rathausführung. So wird ihm schließlich jede Verdienstmöglichkeit verwehrt. Sein Bruder Siegfried ist seit 1930 als Metzger auf Wanderschaft, mit vorgetäuschter Herkunft als arischer Handwerker arbeitet er sechs Jahre lang im bayrischen Coburg und lebt dann in Neuendorf bei Fürstenwalde (Brandenburg).

25 SABE 144, Personalakte Strauß: Wiedergutmachungsantrag an das Regierungsbezirksamt in Koblenz.

Bernhard Strauß als junger Metzgergeselle um 1930/32 als Teilnehmer seiner Berufsgruppe bei einem Festumzug in Bad Ems. (Foto: Stadtarchiv (SABE) Bad Ems)

Mit einer befreundeten Familie kann er im Juli 1938 noch rechtzeitig nach Südamerika entkommen.

Für die Zurückgebliebenen wird das Leben in der Hitler-Diktatur unerträglich. Nicht einmal der Sterbefall eines Juden beendet die Schikanen, sogar ihre Gräber und Leichen sind seit 1933 Schändungen ausgesetzt. Um das zu verhindern, muss Strauß als junger und mutiger Israelit sogar die Toten seiner Glaubensgemeinschaft schützen: *Wenn jemand gestorben ist, und er kam in die Leichenhalle, dann wurde so lange Wache gehalten, bis das Begräbnis war. Das war so vor der Nazizeit und nach der Nazizeit. Da war es aber noch schlimmer, da ich meistens derjenige war, der dann nachts auf dem Friedhof saß. Ich war zu der Zeit ein kräftiger junger Mensch, hatte keine Angst, auch nicht vor den Nazis. Ich habe die ja alle gekannt hier in Ems. Und wenn die wussten, dass einer gestorben war, dann sind die nachts auf den Friedhof und wollten die Leiche entfernen.*

Immer wieder kommt es zu Todesfällen älterer jüdischer Kurgäste, unter anderem im Hotel Löwenstein in der Lahnstraße. Als jüdischer Gemeindevorstand bemüht sich der Kur- und Hausarzt Doktor Cohn um ihre Bestattungen. Strauß: *Er kam dann zu mir und frug mich, ob ich das übernehmen könne. Dann musste ich nachts auf dem Friedhof sitzen und Wache schieben.* Oft muss er zu diesen Anlässen auch ins weitere Umland, unter anderem nach Nastätten, eine 33 Kilometer entfernte Hochburg der Nationalsozialisten, wo keiner die Beisetzung eines Juden übernehmen will. Strauß: *Da wurde ich immer mit dem Taxi nach Nastätten gefahren, habe das Grab geschaufelt, durfte aber bis zur Beerdigung nicht vom Friedhof weggehen. Sonst konnte es passieren, dass das Grab wieder zugeschaufelt war. Und während der Beisetzung war der Friedhof ringsum mit Gendarmen umstellt.*

Was von den Nationalsozialisten zu erwarten ist, haben sie schon dreizehn Jahre zuvor in einem 25-Punkte-Programm festgelegt: Am 24. Februar 1920 verkündet Adolf Hitler zur NSDAP-Gründung im Festsaal des Münchner Hofbräuhauses vor 2000 Zuhörern: »*Staatsbürger kann nur sein, wer Volksgenosse ist. Volksgenosse kann nur sein, wer deutschen Blutes ist, ohne Rücksichtnahme auf Konfession. Kein Jude kann daher Volksgenosse sein.*« Das Publikum reagiert mit donnerndem Applaus und *Bravo*-Rufen.[26] Der Rechtsruck ist nicht mehr aufzuhalten, am 30. Januar 1933 wird Hitler deutscher Reichskanzler. In Bad Ems stimmen 35 Prozent für ihn, bei den letzten freien Reichstagswahlen am 5. März 1933 sind es bereits 42 Prozent. In der Nachbargemeinde Nievern, wo Bernhards Onkel Rudolf lebt, entscheiden sich schon 512 der 529 Bürger für die nationalsozialistische Regierung, die der gesamten Menschheit millionenfaches Leid, Tod und Vernichtung bescheren wird. Auch der

---

26 Am 24. Februar 1920 wurde im Münchner Hofbräuhaus vor etwa 2000 Personen die Nationalsozialistische Deutsche Arbeiterpartei (NSDAP) gegründet. Sie entstand durch Umbenennung der Deutschen Arbeiterpartei. An diesem Tag verkündete Adolf Hitler das 25 Punkte umfassende Parteiprogramm der NSDAP.

Patenonkel von Bernhard Strauß und seine Frau Johannette werden Opfer ihrer Ausrottungspolitik.

In bedrückender Stimmung erleben die Bad Emser Juden nach 1933 den Hass der SA, die immer wieder lautstark durch die Stadt zieht. »*Wenn's Judenblut vom Messer spritzt*« grölen ihre braunen Horden, und manche Gruppe der Hitlerjugend plärrt dieses Lied beim obligatorischen Sonntagsmarsch durch die Viktoriaallee nach. »*Deutschland erwache*«, dieser Satz steht auf den Transparenten, die sie mitschleppen und den sie immer wieder lautstark skandieren. Es wird ein böses »Erwachen«: Der Alltag der Verfolgten wird oft zum Spießrutenlauf, verbal und auch tätlich. »*Saujudd*« rufen vor dem Parteilokal »Wiener Hof« herumlungernde SA-Schergen, sie drohen Strauß und seinen Glaubensgenossen Prügel an. Gegenüber, vor der Synagoge, kommt es sogar gegen jüdische Frauen zu schmerzhaften Rempeleien. Strauß: *Es war nicht möglich durch die Stadt zu gehen, wir wurden angespuckt.*[27]

Alle Attacken haben auch bei Körperverletzungen keine rechtlichen Folgen. »*Wir waren vogelfrei*« berichtet die aus Bad Ems stammende Jüdin Edith Dietz, geborene Königsberger[28] fünf Jahrzehnte später dem Autor dieses Buches. Sie erlebt solche Übergriffe mehrfach. Strauß ist ein kräftiger junger Mann, 1,85 Meter groß und manchem seiner Kontrahenten körperlich überlegen. Er könnte sich wehren, aber wie würde das in dieser rechtlosen Zeit ausgehen? »*Der Judd is gemeingefährlich, der muss sofort verschwinde*« könnte es dann heißen, und die Justiz als Helfer des Systems würde ihn vermutlich schuldig sprechen.

Der Kurgärtner und SA-Truppführer Hubert Hasse ist besonders antisemitisch eingestellt, sein Name betont die feindseli-

---

27 SABE: Auszug aus einem Tonbandinterview mit Dr. Jürgen Sarholz.

28 Edith Königsberger (verh. Dietz) und ihre Schwester Ilka konnten unter abenteuerlichen Bedingungen am 2. September 1942 in die Schweiz entkommen, Edith Königsberger lernte dort ihren späteren Mann, den Journalisten Friedrich Dietz kennen. 1946 kehrten sie gemeinsam mit der Schwester nach Westdeutschland zurück, lebten und arbeiteten zunächst in Oberndorf/Neckar, seit 1948 in Karlsruhe.

ge Gesinnung. Strauß erinnert sich 1948 bei einer Vernehmung und Anzeige auf der Bad Emser Polizeiwache: *Ich, sowie meine Brüder und Schwestern konnten während der Nazizeit nicht durch die Kuranlagen gehen, wenn Hasse dort beschäftigt war. Wir wurden immer wieder mit Steinen beworfen.* Und Walter, sein jüngster Bruder habe *des Öfteren Schläge von Hasse bekommen.* Strauß fährt am 22. September 1948 nach Höhr-Grenzhausen zum Elternhaus des früheren Kurgärtners, um ihn wegen der Misshandlungen zur Rede zu stellen. Er ist angeblich nicht zu Hause. Bernhard Strauß: *Sein Vater machte mir gegenüber die Bemerkung »Es kommt auch einmal wieder ganz anders«.*[29] Wie dieser Fall endet, ist nicht bekannt.

Ein Gang durch die Bad Emser Kuranlagen ist für Juden nach 1933 mit deutlichen Einschränkungen verbunden. Die Ruhebänke dürfen nicht benutzt werden, Kurkonzerte im Freien können sie nur mit deutlicher Distanz erleben.[30] Vielleicht ist Bernhard Strauß auf einem seiner Kurpark-Gänge dem berüchtigtsten Paar des späteren SS-Lagersystems begegnet: Karl-Otto Koch (von Juli 1936 bis Juli 1937 KZ-Kommandant in Sachsenhausen, danach Leiter im KZ Buchenwald) und seine damalige Verlobte Ilse Köhler (zuvor Schreibkraft in einer Zigarettenfabrik, dann gefürchtete »Kommandeuse von Buchenwald«) sind im Sommer 1936 zur Kur in Bad Ems. Er ruft sie *»Pimpf«*, sie nennt ihn zärtlich *»Karli«*.[31]

Dass es im Deutschen Reich bereits Konzentrationslager gibt, ist offiziell bekannt. Am 30. September 1933 meldet sich der gleichgeschaltete Deutsche Rundfunk mit einer Reporta-

---

29 SABE 144: Vernehmung von Bernhard Strauß auf der Polizeiwache Bad Ems, Protokoll v. 23.9.1948.

30 In vielen deutschen Städten bestand seit Dezember 1938 der sogenannte »Judenbann«, viele öffentliche Orte, Plätze, Straßen und Gebäude (u.a. sämtliche kulturelle Einrichtungen) durften nicht mehr betreten oder befahren werden.

31 Siehe dazu auch das Magazin »Der Spiegel« Nr. 7/1950 (Seite12, »Lady mit Lampenschirm«)

ge aus dem KZ Oranienburg[32]: *Hier ist der Deutschlandfunk, hier sind alle deutschen Sender und der deutsche Kurzwellensender (...) bringen wir heute einen wahrheitsgemäßen Ausschnitt aus dem Konzentrationslager Groß-Berlins.*[33] Es ist der geschönte Zustandsbericht über angeblich *verirrte, verhetzte und schuldig gewordene Volksgenossen,* die in sogenannte Schutzhaft genommen wurden. Von Zwangsarbeit, Demütigungen, Schikanen, schweren Misshandlungen und den vertuschten Todesfällen hinter Stacheldraht ist nichts zu hören.

Keiner der befragten Häftlinge wagt zu sagen, dass die Mittagsverpflegung nur aus einer dünnen Rüben-, Graupen- oder Kohlsuppe besteht. Der Radiohörer erfährt stattdessen, dass es *heute Erbsensuppe mit Speckbeilage* gegeben habe. So wird das scheinbare humane Lagerleben mit ähnlichen Szenen dann auch in den deutschen Kinos als Wochenschaubeitrag vorgeführt.[34] Als Bernhard Strauß das hört und sieht, ahnt er noch nicht, dass fünf Jahre später auch für ihn dort eine lange Leidenszeit beginnen wird. Wie schnell man im KZ enden kann, das ist ihm erst nach dem 9. Juli 1934 bewusst, an jenem Montag wird der Bad Emser Kommunist Christian Wilhelm Kohler aus der Nachbarschaft ins Konzentrationslager Dachau verschleppt.[35]

Als die Nazis im Frühjahr 1933 die Macht übernehmen, ist Strauß bereits zwei Jahre mit Emilie (Emmi) Glasmann aus der Nachbarschaft verheiratet. Sie kennen sich seit früher Kindheit und spielten gemeinsam »auf der Gass«. Die Söhne Willi (Jahrgang 1929) und Horst (Jahrgang 1931) sind vor Beginn der Diktatur zur Welt gekommen, ihr Bruder Günter folgt im Juni 1933.

---

32 KZ Oranienburg: ab 1936 Konzentrationslager Sachsenhausen.

33 Deutsches Rundfunk Archiv, Wiesbaden/Frankfurt und Potsdam-Babelsberg: Radioreportage aus dem Konzentrationslager Oranienburg v. 30.9.1933.

34 Bundesarchiv/Filmarchiv Berlin: Deutsche Wochenschau 1933.

35 Christian Kohler wurde wieder entlassen, aber nach dem 20. Juli 1944 erneut verhaftet, dann gemeinsam mit seinem Parteigenossen Wilhelm Stahl und dem SPD-Mitglied Wilhelm Heinz in KZ Dachau verschleppt. Kohler starb dort am 14.3.1945 unter nicht bekannten Umständen, Wilhelm Heinz kam dort am 2.4.1945 ums Leben.

Zwei Jahre später wäre diese Partnerschaft nicht mehr möglich, mit den Nürnberger Gesetzen sind Eheschließungen zwischen Juden und Christen gesetzlich verboten.[36] 1931 bezieht das Paar mit dem Erstgeborenen Willi eine eigene Wohnung in der Römerstraße 74, die aber nach den politischen Veränderungen für den arbeitslos gewordenen Juden nicht mehr bezahlbar ist. Im November 1934 wechseln sie ins Hinterhaus der Friedrichstraße 10 und werden damit Nachbarn der Mutter.

Doch die Rückkehr in die gewohnte Umgebung ist schon bald mit persönlichen Anfeindungen verbunden. Ihr Wohnungsnachbar Heinrich K., ein strammer SA-Mann, Parteigenosse und extremer Antisemit, der ihnen nur unwillig knurrend und beleidigend begegnet, verlangt vom Hausbesitzer die Kündigung ihrer Bleibe. Auch später, als Strauß bereits in KZ-Haft ist, lässt er immer wieder seinen Hass an der zurückgebliebenen Familie aus. K. beschimpft die Kinder nach Berichten von Zeitzeugen als »*Judenbrut*«, bis auch sie weggeholt und dann in der Tötungsanstalt Hadamar ermordet werden. Willi (*1929), Horst (*1931) und Günter Strauß (*1933) haben zwar eine Christin als Mutter, aber nach den reichsdeutschen Rassegesetzen (Nürnberger Gesetze) sind sie »Mischlinge ersten Grades«, im Volksmund abwertend »Halbjuden« genannt. Ihr Vater ahnt schon früh, dass sie in eine gefährliche Zeit hineinwachsen werden. Er lässt seine Kinder evangelisch taufen, aber auch das wird die Familie nicht vor Verfolgung schützen und die beiden älteren Söhne nicht vor staatlich verordnetem Mord verschonen.

Der Weg ins Unheil beginnt mit existenziellen Problemen, zum 1. April 1933 organisieren die Nationalsozialisten einen reichsweiten Boykott gegen jüdische Geschäfte. Schon am Tag zuvor randaliert der braune Mob in Bad Ems. Gruppenweise zieht er durch die Stadt und skandiert »*Deutsche macht euch frei von der*

---

36 Am 15.9.1935 beschließt der Reichstag die sogenannten Nürnberger Rassegesetze. Eheschließungen zwischen Juden und Personen »*deutschen oder artverwandten Blutes*« werden damit verboten.

Judentyrannei, Deutsche wehrt euch, kauft nicht bei Juden«. SA-Männer postieren sich an jenem Freitagabend in der Römerstraße vor den Läden, verwehren Kunden den Zutritt. »Kauft nicht bei Juden« steht auch auf den mitgeführten Transparenten, mit ähnlichen Parolen werden die Schaufenster beschmiert. Vermeintlich ehrbare Bürger machen plötzlich Front gegen ihre »nichtarischen« Mitbürger. Aber es gibt noch viele, die solche Aktionen missachten und trotz Drohungen den gewohnten Einkauf bei ihnen tätigen. Die »Emser Zeitung« (ab 1934 Lahn-Zeitung), die seit dem Machtwechsel ähnliche Angriffe, Demütigungen und Repressalien auf Minderheiten und dabei auch manche jüdische Tragödie in der Heimatregion verschwiegen hat, ist bereits zum Sprachrohr der Tyrannei geworden. Dort heißt es nach den Exzessen: *Wir haben es hier mit dem Aufstand unseres Volkes gegen einen unglaublichen und in der ganzen Welt dastehenden scheußlichen Feldzug wider besseren Wissens zu tun; 65 Millionen Menschen werden in der ganzen Welt der Leichenschändung, der Misshandlung und aller möglichen Verbrechen gegenüber dem jüdischen Bevölkerungsanteil angeschwärzt.*

Die NSDAP verkündet am 31.3.1933 mit einer eigenen Mitteilung in dem parteinahen Lokalblatt: *Die Gaupresse der NSDAP lässt uns mitteilen, dass die Bevölkerung im Interesse der öffentlichen Ruhe und Ordnung und der Sicherheit einer disziplinierten, reibungslosen Durchführung der Abwehrmaßnahme vom obigen Zeitpunkt an den Besuch jüdischer Geschäfte, Ärzte und Rechtsanwälte und dergl. unterlässt und den Besuch solcher Geschäftsleute auch nicht empfängt. Wir halten zu strikter Einhaltung dieser Maßnahme geraten.* Hitler hatte bereits am 28. März alle Parteiorganisationen zum »Boykott gegen das Judentum« aufgerufen. Mit den massiven Maßnahmen gegen jüdische Gewerbetreibende und Schließung der von seinem Großvater gegründeten Metzgerei wird auch Bernhard Strauß wie alle davon Betroffenen erwerbs- und mittellos, und damit ist er auf die Unterstützung der Stadt angewiesen. Vom 1. Januar 1935 bis 31. Dezember 1938 bekommt seine Familie Bar- und Sachleistungen im Gesamtwert von 3495,92 Reichsmark.[37] Aber auch diese staatliche Hilfe wird nach amtlichem Beschluss ab 1. Januar 1939 für Juden eingestellt.[38]

Seit der politischen Wende nach 1933 spürt die Familie Strauß, wie alle Bad Emser Juden, die zunehmende Distanz und Abneigung. Und das verstärkt sich mit den staatlichen Repressalien gegen Mitglieder der Oppositionsparteien SPD, SAP und KPD vor allem gegen die »nichtarischen« Einwohner. Bereits in der letzten Märzwoche 1933 beginnen diese Schikanen bei den Betroffenen mit Hausdurchsuchungen der Polizei und Landjägerei (Landpolizei), unterstützt durch SS und SA.[39] Den illegalen Razzien und Boykottmaßnahmen gegen jüdische Unternehmen[40] folgen ständig neue Sanktionen, die schließlich jede Tätigkeit von Bürgern ohne arischen Nachweis einschränken.

Nach dem zunehmenden Druck von Partei, Kreisleitung, der zuständigen Wirtschaftsgruppe und des Verkehrsvereins meldet auch das Bad Emser Hotel- und Gaststättengewerbe, dass Juden nicht mehr bedient werden. *Wir legen keinen Wert auf jüdische Gäste,* lautet Ende Mai 1938 der einstimmige Beschluss unter Führung des NSDAP-Ortsgruppenwalters und SA-Sturmführers Franz Linkenbach, Inhaber des renommierten Hotels »Zum Löwen«. In seiner Weinstube treffen sich stets die Nazi-Größen der Stadt, und ihre Entscheidungen werden schon wenig später durch entsprechende Hinweise wie *»Juden sind hier unerwünscht«*

---

37 SABE 3/589: Nachweisung der in Bad Ems in der Zeit vom 1.1.1935 bis 30.11.1938 durch städtische Mittel unterstützten Juden.

38 SABE 3/858: Mitteilung vom Bezirksfürsorgeverband (Diez) an die Stadtverwaltung Bad Ems. Mit diesem Bezug: *Nach der Verordnung über »Öffentliche Fürsorge von Juden« vom 19.11.1938 (Reichsgesetzblatt I S. 1649), die am 1. Januar 1939 in Kraft tritt, sind Juden im Falle der Hilfsbedürftigkeit auf Hilfe der jüdischen freien Wohlfahrtspflege zu verweisen. Die laufenden Unterstützungen sind deshalb zunächst mit dem 31. Dezember 1938 einzustellen.*

39 Emser Zeitung v. 1. April 1933: Meldung mit der Überschrift *Haussuchungen.*

40 Emser Zeitung v. 3.4.1933: Meldung zum Boykott jüdischer Geschäfte.

»Juden sind hier unerwünscht« – ein Schild, das nach 1933 auch an vielen Bad Emser Geschäften angebracht war.

an den Lokalitäten zum Ausdruck gebracht.[41] Wie der Friseur Heinrich Fritsche in der Adolf-Hitler-Straße 9 (heute Lahnstraße) demonstrieren viele Gewerbetreibende ihre antisemitische Haltung. Auch an seiner Ladentür hängt das Schild mit diesem Text, und im Schaufenster zeigt ein großes Hakenkreuz zwischen Parfümflaschen, Bürsten und Perücken, dass hier ein treuer Nationalsozialist die Köpfe der Kundschaft bearbeitet.[42]

Schon in den Anfangsjahren der NS-Diktatur polemisiert das Hetzblatt »Der Stürmer«[43] gegen den Juden Strauß. Und das »Nassauer Volksblatt«, ein amtliches Parteiorgan der NSDAP,

---

41 Lahnzeitung v. 30.5.1938: Artikel mit dieser Titelzeile: *Das gesamte Emser Hotel-und Gaststättengewerbe bedient keine Juden mehr.*

42 Archiv Dieterichs: dokumentiert durch ein Foto der Ladenfront des Friseurgeschäfts H. Fritsche.

43 »Der Stürmer«: von Julius Streicher, NSDAP-Gauleiter in Franken seit April 1923 bis Februar 1945 herausgegebene antisemitische Wochenzeitung (Verlagsort Nürnberg). Das Blatt berichtete von sogenannten »Rassedelikten« und publizierte seine Hetzartikel in pornografischen Berichten, Bildern und Karikaturen. Auflage: zwischen 1935 und 1939 über 700 000 Exemplare pro

macht immer wieder Stimmung gegen ihn und seine Glaubensgemeinschaft.

Es sind Einheimische, die das Material für ständig neue Schmähartikel liefern, als anonym agierende Zuträger mit niedrigsten Motiven. Neugierige Nazis versammeln sich täglich in Höhe des Badhauses vor dem »Stürmer-Kasten«, den die örtliche SS-Gruppe gebaut und aufgestellt hat, um dort die neuesten Gräuelgeschichten der gleichnamigen Hetzpostille aus Nürnberg zu verbreiten. Viele glauben die Lügen des Judenhassers Julius Streicher und seiner publizistischen Komplizen, während der Lektüre ereifern sie sich in lautstarken Diskussionen. Zweifler werden in diesem Milieu als »elendige Judenknechte« diffamiert. An Gesprächsstoff mangelt es an dieser Stelle nicht: *Rassenschande in Kurorten* ist die Titelzeile einer Augustausgabe im Jahr 1934. Das Thema führt zu heftigen Erregungen, aber auch zu Beschwerden und Reaktionen des lokalen Gastgewerbes und wird zum lokalen Politikum. Die Partei macht mobil, Gesinnungsschnüffler erledigen den Rest. Aus falschen Anschuldigungen werden gefährliche Tatsachenbehauptungen, denn in diesen unsicheren Zeiten riskiert man als »Außenseiter« der Gesellschaft bei kleinsten Verfehlungen und durch Rufmord eine Anzeige. Und nach »kurzem Prozess« folgt eine Gefängnisstrafe.

Im Hotel »Wiener Hof« kommen regelmäßig die besonders strammen Parteigenossen und ihre Erfüllungsgehilfen der SA zusammen. Hier, im Haus Römerstraße 87 werden ständig neue Schikanen und Aktionen ausgeheckt. Für die Wirtsleute Ewald und Elisabeth Schug ist dieser mit dem Hakenkreuztransparent gekennzeichnete Nazi-Treff und der gute Kontakt zur Partei eine sichere Existenz. Stolz präsentieren sie die Brutstätte des Antisemitismus als *»altes Lokal der NSDAP«*. So ist es seit 1935 auch auf den Ansichtskarten des Hotels dokumentiert. Nach dem Krieg wird in der braunen Hochburg weitergezecht, als

---

Ausgabe. Die verkauften Sondernummern an den Reichsparteitagen werden jeweils auf mindestens zwei Millionen Stück geschätzt.

habe es die unseligen Jahre zuvor nie gegeben. Nicht selten schwelgen Täter von einst dann auch noch in Erinnerungen an die für sie so »*guten alten Zeiten*«.[44]

Theodor Schüßler, NSDAP-Kreispropagandaleiter und Mitarbeiter der Gestapo sowie der Blockwart Wilhelm Riegel haben ihren Nachbarn Strauß stets im Blick. Beide wohnen in der nahen Bachstraße, sie gehören zu den eifrigsten Parteigenossen des Viertels, denn das untere Bad Emser Stadtgebiet ist eine besonders »braune« Gegend, und damit für jüdische Anwohner ein sehr gefährliches Pflaster. Der Anteil von Parteimitgliedern ist in diesem Bereich deutlich höher als in den meisten anderen Stadtteilen. Hier wohnen viele lokale NSDAP- und SA-Funktionäre, SS-Angehörige, Führer von HJ und BDM. Aber auch der Ortsgruppenleiter Karl Schaab, seine Nachfolger Andreas Gilbert (seit 1939) und Adolf Groß (ab November 1944) sind im als »Dorf« bezeichneten unteren Stadtteil zuhause.

Gilbert ist später durch vielfach geäußerte Vorurteile und seinen Einfluss auf die Justiz als treibende Kraft mitverantwortlich, dass die noch schulpflichtigen Strauß-Kinder Willi (Jahrgang 1929) und Horst (Jahrgang 1931) nach einem Beschluss des Amtsgerichts Bad Ems[45] im Dezember 1941 in Fürsorgeerziehung kommen und dann ermordet werden. Er hat sie nachweislich wiederholt schikaniert und Mitschüler zu solchen Handlungen animiert. Es gibt mehrere Bad Emser Zeugen, die bestätigen, was er mehrfach geäußert habe: »*der Name Strauß soll ausgetilgt werden!*«[46] Sogar dem jüngeren Bruder Günter droht er damit.[47]

---

44 Archiv Dieterichs: Erinnerungen von Zeitzeugen.

45 HHStAW: Abt. 430/2, unter anderen Hinweisen Dok. Nr. 1050, Urteil des Amtsgerichts Bad Ems (Amtsgerichtsrat Dr. Franz Josef Lehmler).

46 Audio-Archiv Dieterichs: Berichte von Zeitzeugen.

47 Archiv Dieterichs: Erinnerung des Zeitzeugen Günter Strauß.

Koscheres aus dem Unterlahnkreis

Der jüdische „Korrespondent" der Lahnzeitung. — Reichsbahnangestellter feiert sein Jubiläum und zecht mit Juden. — Bauern machen Geschäfte mit Juden. — Ein mutiger Gastwirt.

Man meldet dem „N. V." zu dieser „aktuellen" Rubrik aus Bad Ems:

— lpa — Zwischen dem SA.-Hilfswerklager und dem Staatlichen Kurorchester Bad Ems fand am 9. Juli in Bad Ems auf dem Jahnplatz ein Fußballspiel statt. Auch das „Nassauer Volksblatt" hat auf dieses Spiel mit lebhaftem Interesse hingewiesen, weil die körperliche Betätigung und die Pflege der Kameradschaft und Volksgemeinschaft hierdurch nur gefördert wird. Auch über den Ausgang des Spieles hat das „Nassauer Volksblatt" berichtet.

In der „Lahnzeitung Bad Ems" vom 11. Juli 1935, Nr. 159, finden wir im lokalen Teil einen Artikel mit der Ueberschrift „Fröhlicher Fußball in Bad Ems", in dem es in der Einleitung heißt:

Vom Spielverlauf im einzelnen schreibt unser „Sonderberichterstatter" Julius Rutkowsky folgende launigen Zeilen, wobei er selbst vor lauter Begeisterung den Pegasus bestiegen hat, usw.

Wir sparen uns den Platz, diese launigen Zeilen eines Juden wiederzugeben.

Rutkowsky ist Schauspieler und weilt in Bad Ems zur Kur. Er ist geborener Russe und hat angeblich keine Staatsangehörigkeit. Das ist also der neueste „Sonderberichterstatter" der „Lahnzeitung Bad Ems".

Eine weitere Meldung aus Bad Ems besagt:

— lpa. — In Fachbach bei Bad Ems feierte am 18. Juli der bei der Reichsbahn tätige Peter Stadtfeld aus Bad Ems in der Gastwirtschaft „Zur Stadt Koblenz" mit den Juden Gebrüder Siegfried und Bernhard Strauß aus Bad Ems (allgemein als die frechsten Juden in Bad Ems und Umgebung bekannt, aber leider auch auf sportlichem Gebiet bei Dutzenden „deutscher Volksgenossen" an allen Straßenecken in Bad Ems noch ziemlich „tonangebend"), ferner mit dem Juden Albert Grünebaum aus Bad Ems (Ausfahrer der koscheren Milch) und einigen Judenknechten sein 30jähriges Dienstjubiläum!

Nachdem sie zusammen reichlich gezecht hatten, verübten sie noch ruhestörenden Lärm, der Anlaß zum Einschreiten der Ortspolizeibehörde gab.

Schließlich heißt es in einer Meldung aus Burg-Schwalbach:

— pw — „Trotz der Aufklärung über die Judenfrage gibt es hier noch viele Bauern, die mit Juden Geschäfte machen. Auch viele andere Einwohner kaufen heute noch bei den sogenannten „Bündel"-Juden. Verschiedene Einwohner haben sich schon soweit mit dieser Sorte von Menschen eingelassen, daß man getrost den Spruch anwenden kann: „Wer sich mit dem Juden einläßt, geht an ihm zugrunde."

Darum, Volksgenossen, meidet den Juden, wo ihr nur könnt.

Wer aber von jetzt ab immer noch glaubt, mit dem Juden Geschäfte treiben zu müssen, wird sich eines Tages gebrandmarkt sehen."

Und dann heißt es weiter: „Der erste Gastwirt, der in hiesiger Gegend den Mut aufbrachte, ein Schild mit der Aufschrift „Juden sind nicht erwünscht!" anzubringen, ist der Besitzer des Gasthauses „Zum Felsenkeller". Möge diese Tat bei sämtlichen Einwohnern unseres Dorfes Nachahmung finden, denn wer heute noch mit einer Sorte von Menschen verkehrt, deren Rassegenossen täglich im Ausland gegen unser Vaterland in der übelsten Weise hetzen, schließt sich von selbst aus der Volksgemeinschaft aus und wird demgemäß behandelt werden."

Wir schließen damit für heute diese „koschere" Blütenlese.

Judenhetze im »Nassauer Volksblatt« vom 01.08.1935, die 1. Spalte unten enthält ein Pamphlet gegen die Brüder Strauß.

Mit der Titelzeile »*Koscheres aus dem Unterlahnkreis*« werden im August 1935 jüdische Mitbürger in einem mehrspaltigen Volksblatt-Artikel und unter Namensnennung durch üble Goebbels-Rhetorik diffamiert. Der ungenannte Texter bezeichnet Bernhard Strauß (damals 25 Jahre alt) und seinen drei Jahre älteren Bruder Siegfried (27) als »*frechste Juden*«, die *leider auch auf sportlichem Gebiet bei Dutzenden deutscher Volksgenossen an allen Straßenecken in Bad Ems noch ziemlich tonangebend* seien.[48] Tatsächlich sind beide große Fans des Fußballsports und vor allem

48 Nassauer Volksblatt v. 1.8.1935 (*Koscheres aus dem Unterlahnkreis*).

ihrer Heimatmannschaften vom »Sportverein 09«, bei dem sie vor 1933 aktiv mitgespielt haben.[49] Aber Siegfried lebt zu dieser Zeit schon lange nicht mehr in Bad Ems – das wissen auch viele Leser des vor Unwahrheiten strotzenden Hetzartikels. Nicht nur wegen existenzieller Probleme hat er seine Heimatstadt verlassen, auch die zunehmenden Anfeindungen führten zu dieser Entscheidung. Er konnte den Gesinnungswechsel seiner Freunde und Jahrgangskameraden nicht verstehen.

Bisher waren die »*Strauße-Brüder*« zwei aus ihrer Mitte, echte Emser Jungen, nun sind es die »*Juddebube*« (»Judenbuben«), wie es verächtlich im heimischen Dialekt heißt. *Plötzlich waren wir nur noch Luft, selbst gute Nachbarn und Bekannte distanzierten sich,* berichtet Strauß später im Familienkreis. Ein Zustand, den er seit Siegfrieds Ortswechsel nun allein ertragen muss. Nach Berufsverbot und zunehmender Ausgrenzung, begleitet von Provokationen und Schikanen, ist es auch leicht, den Metzgergehilfen als »Faulenzer« zu diskriminieren. Mit diesem Vorwurf schickt ihn die NS-Justiz schließlich als »Asozialen« für sieben Jahre in fünf verschiedene Konzentrationslager.

Nach einem Reichserlass vom 14. Dezember 1937 zur »*vorbeugenden Verbrechensbekämpfung*« kann jeder überwacht, verhaftet und weggesperrt werden, wenn er nach der NS-Ideologie »*gemeinschaftsfremd*«[50] ist. Am 19. Juni 1938, gegen 22 Uhr wird Strauß auf Veranlassung der Staatlichen Kriminalpolizei (Reichskriminalpolizei) im Rahmen der so genannten »Juni-Aktion«,[51] einer spontanen Maßnahme im gesamten Deutschen

---

49 Archiv Dieterichs: nach Angaben von Bernhard Strauß, Berichten von Zeitzeugen.

50 Der Begriff »Gemeinschaftsfremde« wurde während der NS-Zeit gleichbedeutend mit »Asoziale« verwendet. »Asozial« war jeder, der in seinem Verhalten dem nationalsozialistischen Menschenbild nicht entsprach.

51 »Juni-Aktion«: Massenverhaftung im Juni 1938, nach Hitlers persönlicher Anordnung von Heinrich Himmler als Teil der Aktion »Arbeitsscheu Reich« (ASR) geplant und durch Reinhard Heydrich organisiert. Dabei wurden mehr als 9000 Männer in Konzentrationslager verschleppt, unter ihnen eine Gruppe von rund 2300 Juden, denen man eine Vorstrafe von mindestens vier

Reich, in Vorbeugehaft genommen und ins Bad Ems Amtsgerichtsgefängnis eingewiesen. Am Tag darauf bringt ihn ein Begleitkommando mit weiteren sechs Bad Emser Bürgern[52] zur Gestapo nach Frankfurt.[53]

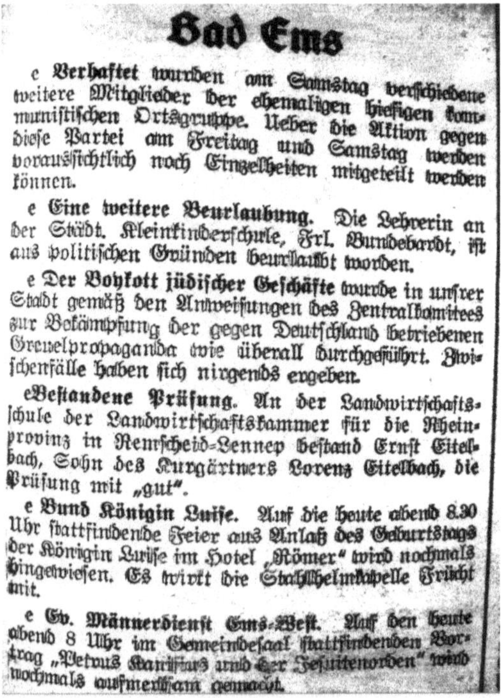

Bad Ems

e **Verhaftet** wurden am Samstag verschiedene weitere Mitglieder der ehemaligen hiesigen kommunistischen Ortsgruppe. Ueber die Aktion gegen diese Partei am Freitag und Samstag werden voraussichtlich noch Einzelheiten mitgeteilt werden können.

e **Eine weitere Beurlaubung.** Die Lehrerin an der Städt. Kleinkinderschule, Frl. Bundebardt, ist aus politischen Gründen beurlaubt worden.

e **Der Boykott jüdischer Geschäfte** wurde in unsrer Stadt gemäß den Anweisungen des Zentralkomitees zur Bekämpfung der gegen Deutschland betriebenen Greuelpropaganda wie überall durchgeführt. Zwischenfälle haben sich nirgends ergeben.

e **Bestandene Prüfung.** An der Landwirtschaftsschule der Landwirtschaftskammer für die Rheinprovinz in Remscheid-Lennep bestand Ernst Eitelbach, Sohn des Kurgärtners Lorenz Eitelbach, die Prüfung mit „gut".

e **Bund Königin Luise.** Auf die heute abend 8.30 Uhr stattfindende Feier aus Anlaß des Geburtstags der Königin Luise im Hotel „Römer" wird nochmals hingewiesen. Es wirkt die Stahlhelmkapelle Frücht mit.

e **Ev. Männerdienst Ems-West.** Auf den heute abend 8 Uhr im Gemeindesaal stattfindenden Vortrag „Petrus Kanisius und der Jesuitenorden" wird nochmals aufmerksam gemacht.

Einer der ersten Boykottaufrufe gegen jüdische Geschäftsinhaber in der »Emser Zeitung» vom 3.4.1933

Wochen Länge nachweisen konnte. In jedem Kriminalpolizei-Leitstellenbezirk sollten »200 männliche arbeitsfähige Asoziale« festgenommen werden. Demnach hätte diese Aktion nur 3000 Personen betroffen, tatsächlich wurden vermutlich fast 10.000 Personen inhaftiert.

52 SABE 303 (Festnahmeprotokolle): Bei dieser Verhaftungsaktion wurden außerdem in Haft genommen: der Schriftsteller Anton Veit, der Schlosser Jakob Schaust, sowie die Arbeiter Albert Grünebaum, Wilhelm Struth, Fritz Jockel und Heinrich Zöller.

53 SABE: Tätigkeitsbuch der Polizeiwache Bad Ems, Einträge v. 18.6.1938, 19. und 20.6.1938 durch Polizeimeister Valentin Molitor, gegengezeichnet von Polizeimeister Johann Wimmers.

Machtdemonstration: SA marschiert 1935 durch die Bad Emser Römerstraße.

Horst und Willi Strauß in den späten 30er Jahren mit ihrem jüngeren Bruder Günter. (Fotos: privat)

Sachsenhausen

»*Am 20.6.38 an die Kriminalleitstelle abgeliefert*«, schreibt Polizeimeister Valentin Molitor an jenem Montag ins Tätigkeitsbuch der Bad Emser Polizeiwache, gegengezeichnet von Polizeimeister Johann Wimmers, der die sechs Häftlinge zur Gestapo nach Frankfurt bringen muss.[54] Drei Tage verbringt Bernhard Strauß im zweiten Stock des Polizeigefängnisses »Klapperfeld«, mitten in der nördlichen Innenstadt, etwa hundert Meter abseits der bekannten Geschäftsstraße »Zeil«. Eingesperrt in einer knapp fünf Quadratmeter engen Zelle mit Klappbett, Holzhocker sowie einem Kübel für die Notdurft, aber auch für sein Waschwasser und zum Putzen des Fußbodens. Schlafen ist nur ab 22 Uhr bis 5 Uhr früh erlaubt. Zum Ruhen bleibt ohnehin wenig Zeit, ständige Verhöre mit Beleidigungen und Misshandlungen im berüchtigten »Gestapokeller« begleiten den Tagesablauf der Insassen.

»Arbeitsscheu« ist die Begründung, mit der Bernhard Strauß und die sechs Mitgefangenen[55] am 23. Juni 1938 in das KZ Sachsenhausen/Oranienburg[56] (35 Kilometer nördlich von Berlin) überstellt und dort sofort voneinander getrennt

---

54 SABE: Der Eintrag im Tätigkeitsbuch der Polizeiwache Bad Ems (*Am 20.6.1938 an die Kriminalleitstelle Ffm. abgeliefert*) ist mit dem Kürzel des Polizeimeisters Johann Wimmers unterzeichnet.

55 Außer Strauß wurden am 18. und 19. Juni 1938 auch die Bad Emser Anton Veith, Willi Struth, Heinrich Zöller, Albert Grünebaum und Jakob Schaust mit unterschiedlichen Beschuldigungen verhaftet und der Gestapo in Frankfurt zugeführt. Ein Sammeltransport brachte sie am 23. Juni 1938 nach Oranienburg ins Konzentrationslager Sachsenhausen. Die meisten von ihnen wurden im Jahr darauf als »politisch zuverlässig« entlassen. Schaub war nach Strauß am längsten in Haft, er kam von Sachsenhausen ins KZ Neuengamme, danach am 25.8.1939 nach Dachau. Von dort durfte er am 23. März 1943 als gebrochener Mann nach Hause zurückkehren.

56 Das Konzentrationslager Sachsenhausen (KL Sachsenhausen) entstand 1936 im Ortsteil Sandhausen der Stadt Oranienburg nördlich von Berlin. Es ist nicht identisch mit dem KZ Oranienburg, das von 1933 bis 1934 nahe dem Stadtzentrum von Oranienburg bestand.

Von SA-Männern bewachter Eingang zum KZ Sachsenhausen im Jahr 1938. (Foto: Gedenkstätte Sachsenhausen)

werden.[57] Als so genannter »Aso-Jude« und Häftling Nr. 6297 hat ihm das in besondere Gruppen eingeteilte Lagersystem den »Isolier«-Block elf,[58] später in Folge die Baracken 15, 39 und schließlich die Bleibe 38 zugewiesen.[59] Blockführer in diesem Isolierungsbereich ist der SS-Hauptscharführer Friedrich

---

57 ITS Digital Archive, Arolsen Archives: *Liste der am Donnerstag, den 23.6.1938 eingelieferten Arbeitsscheuen*. Bernhard Strauß ist in dem alphabetisch erstellten Verzeichnis unter der laufenden Nummer 1389 registriert (Quelle: ITS, Copy of 1.1.38.1/4093727). Im Rahmen der »Aktion Arbeitsscheu Reich« wurden im April und im Juni 1938 bei zwei Verhaftungswellen mehr als 10.000 Männer als sogenannte »Asoziale« in Konzentrationslager verschleppt. Bei der sogenannten »Juni-Aktion« kamen auch rund 2300 Juden in Haft, die aus mannigfaltigen und auch fadenscheinigen Gründen durch Vorstrafen belastet waren.

58 Quelle: Staatliches Militärarchiv, Moskau, AZ 1367/1/20, Blatt 306

59 SABE 202: aus einem Gesuch an das Standesamt Bad Ems (v. 27.8.1939), mit der dort genannten Adresse des Absenders (Strauß). Aufenthalt und Nummer unter anderem bestätigt durch Unterlagen der Stiftung Brandenbur-

Meyerhoff, im Lager nur »Windhund« genannt. Seine Appelle sind gefürchtet, bei Kälte und dürftiger Bekleidung müssen die Häftlinge stundenlang strammstehen. Auf den Göttinger Kaufmann Richard Katz hat es Meyerhoff besonders abgesehen, ihm zerschlägt er im Spätsommer 1938 mit einer Schaufel so heftig den Unterarm, dass er ärztlich behandelt werden muss. Kaum genesen, lässt er ihn während eines Arbeitseinsatzes bis zum Hals eingraben und in dieser verzweifelten Lage stundenlang ausharren. Strauß und seine Kameraden müssen dem grausamen Schauspiel hilflos zusehen. Und jeder von ihnen bangt, der Nächste zu sein.

Seinem nur etwa 75 Kilometer entfernt lebenden Bruder Siegfried bleibt dieses Schicksal erspart, er kann einen Monat später nach Argentinien entkommen. Und das auch noch ohne das stigmatisierende große rote ›J‹ im Reisepass.[60]

Für Bernhard Strauß beginnt eine Zeit der Erniedrigung und Qualen. Zum Empfang gibt es Ohrfeigen, Fußtritte und Knüppelhiebe. Aus den Reihen der Neuzugänge wahllos herausgegriffene Opfer werden auf dem »Prügel-Bock« bis zur Ohnmacht ausgepeitscht. Die Aufseher drohen, so ergehe es jedem, der flüchten wolle. Kahlgeschoren und nackt werden die Häftlinge dann unter kalte Duschen getrieben, in der Effektenkammer nach dem Ausfüllen eines Fragebogens registriert und ihrer letzten persönlichen Habe beraubt. Ihnen bleiben nur die zusammengeflickten Hosen und Jacken aus Altkleiderbeständen, eine Stoffmütze und ein verbeulter Blechnapf für die tägliche Ration zum Überleben. Die grau-grün und später grau-blau gestreiften Einheitsmonturen, auch »Zebra-

gische Gedenkstätten (Gedenkstätte und Museen Sachsenhausen) Quelle: R 201 M3, S. 78.

60 SABE: Nach den Meldedaten der Personenkartei in Bad Ems hat sich Siegfried am 22. Juli 1938 in Neuendorf (Brandenburg) abgemeldet und ist nach Argentinien ausgewandert. Vier Monate später kam es zu den reichsweiten Pogromen (»Kristallnacht«), damit begann die systematische Verfolgung der Juden. Ihre deutschen Reisepässe waren bereits ab 5.10.1938 nur noch mit dem eingestempelten großen roten J zur Ausreise gültig.

Lageralltag im KZ Sachsenhausen um 1940. (Foto: Gedenkstätte Sachsenhausen)

kleidung« genannt, werden in Sachsenhausen erst 1939 eingeführt. Hinter Stacheldraht sind Namen tabu, jeder Gefangene ist nur noch eine Nummer. Strauß trägt die Zahl 6297, sie ist auf seiner Jacke links oben quadratisch und gut sichtbar aufgenäht. Und mit dieser Nummer muss er sich zum Rapport und zu jeder Befragung melden.

Fast 7000 Menschen leben bereits im Sommer 1938 im KZ Sachsenhausen, auch wegen seiner Nähe zur Berliner Gestapozentrale das »Musterobjekt« des nationalsozialistischen Terror- und Unterdrückungssystems. Manche werden die Torturen der ersten Stunden nicht überleben. 33 »Asoziale« sterben dort allein im Juli 1938 durch kaltblütigen Mord oder an den Folgen von Misshandlungen. Bis zum Juli des folgenden Jahres sind es fast 500. Immer wieder kommt es zu neuen Torturen. Mitten im kalten November 1938 werden Strauß und jüdische Häftlinge auf dem Appellplatz aus Feuerwehrschläuchen mit eiskaltem Wasser abgespritzt, bis sie erschöpft zusammenbrechen. Der

Täter, ein SS-Rottenführer erlebt bald darauf als Häftling in Sachsenhausen das gleiche Schicksal. Wegen einer homosexuellen Handlung nach § 175 verurteilt, wird er ins Lager eingewiesen und kommt dort wenig später ums Leben.

Während der Wintermonate 1938/1939 herrscht eine extreme Kältewelle, zehn Wochen lang bleiben die Temperaturen weit unter 0 Grad Celsius, doch die Gefangenen müssen in ihrer dünnen Kleidung zu den Arbeitseinsätzen. Die Haftbedingungen in dem »KZ-Musterlager« werden ohnehin von Monat zu Monat brutaler. Bis zu 500 Gefangene hausen nach den Masseneinweisungen in Folge der Novemberpogrome 1938 auf engstem Raum in einer der 68 Baracken (53,3 Meter lang, acht Meter breit, 2,65 Meter hoch). Jede war zunächst für 75 Personen geplant. Die sanitären Einrichtungen sind auf acht Toiletten beschränkt. Nur wenige finden nach den massiven Einweisungen noch eine Schlafstelle in den dreistöckigen Holzgestellen, wo schon unter »normalen« Umständen kein Platz zum Umdrehen bleibt. Die meisten von ihnen müssen auf dem Fußboden übernachten, je zwei Mann teilen sich als Unterlage einen der angefaulten Strohsäcke.

Aber die Ruhezeiten bleiben ohnehin begrenzt: zwölf bis 15 Stunden Arbeit sind das Tagespensum im Straßenbau, im Wald, beim Ausschachten eines Hafenbeckens am Hohenzollernkanal oder im »Klinkerwerk«, der weltweit größten Ziegelfabrik an der Oranienburger Lehnitzschleuse. Täglich treiben SS-Wachkommandos unter den Augen der Bevölkerung bis zu 2000 Häftlinge über die Kanalbrücke zu dem Werk, das den Baustoff für Hitlers Wahnidee, der Verwandlung Berlins zur »Reichshauptstadt Germania«[61] herstellt. »Todeskommando«

61 Schon Jahre vor Beginn des Umbaus zur Olympiastadt plante Adolf Hitler eine umfassende Neugestaltung Berlins zur »Reichshauptstadt Germania«. Mit gigantischen Bauwerken, die Jahrtausende überstehen sollten. Seine »Halle des Volkes« (Baubeginn 1938) war so hoch geplant, dass der Eiffelturm darin Platz gefunden hätte. Die Kuppel mit einem Durchmesser von 250 Metern und dem 17-fachen Volumen des Petersdoms. Bis zu 180 000 Menschen sollten darin Platz finden, dass – wie seine Meteorolo-

werden solche Arbeitseinsätze genannt, denn auf dem Rückweg schleppen die Zwangsarbeiter fast immer einen mit den Opfern des Tages beladenen Karren mit.[62] »*Arbeit macht frei*« steht – nur von außen lesbar – an dem eisernen Gittertor, das sie dabei täglich passieren müssen. Zwischen Dezember 1938 und März 1939 sterben während der Kältewelle 425 Menschen bei der Zwangsarbeit im Klinkerwerk.

Die Sachsenhausener Häftlinge sind vielseitig im kräftezehrenden Zwangseinsatz: 120 Angehörige eines »Schuhläuferkommandos« müssen seit Juni 1940 auf einer Prüfstrecke mit unterschiedlichen Bodenbelägen das Sohlenmaterial für die deutsche Gummi-, Leder- und Schuhindustrie, später auch für die Wehrmacht testen.[63] Täglich werden sie von früh morgens bis spät abends in jeder Wetterlage, bei größter Sommerhitze und bei extremen Wintertemperaturen mit schwerbeladenen Rucksäcken in bis zu 40 Kilometer weiten Gewaltmärschen über die 700 Meter lange Bahn getrieben. Dabei kommen auch die neuen Igelit-Kunststoffsohlen mit deutlich besseren Verschleißergebnissen zum Einsatz.

Es ist ein stundenlanges Hin und Her, rund um den Appellplatz, an den Folterstätten vorbei, immer begleitet von Todesangst. »*Wenn du hingefallen bist, wurdest du von der SS mit einem Genickschuss getötet. Für mich und meine Kameraden stand die ganze Zeit ein Holzkarren bereit. Damit wurden die Leichen der durch Erschöpfung und Erschießung gestorbenen Menschen zum Krematorium gebracht*«, erinnert sich der Niederländer Peter Josef (Joop) Snep 74 Jahre später bei einer Gedenkrede am einstigen Tatort. »*Wir wurden hier am Appellplatz gezwungen, von morgens sechs bis*

---

gen errechneten – ihre kondensierte Atemluft für Wolken und regelrechten Regen gesorgt hätte.

62 Stiftung Brandenburgische Gedenkstätten (Gedenkstätte und Museum Sachsenhausen): Zeitzeugenberichte.

63 »Schuhläuferkommando«: Materialtests unter anderen für die IG Farben, Continental (Hannover) und das Tochterunternehmen Schwelmer Gummiwaren GmbH, Salamander (Kornwestheim), Fagus (Alfeld) und Freudenberg (Weinheim).

zum frühen Abend auf der Schuhprüfstrecke zu laufen. Alles wurde notiert. Wie schwer du warst, welche Schuhgröße du hattest und wie lange du die Stiefel anhattest.«[64]

Das sind Anforderungen, die nur noch besonders belastbare Männer, wie der Metzgergeselle Bernhard Strauß leisten können. Der inzwischen 30-jährige ist trotz der besonderen Umstände in körperlich guter Verfassung und als früherer Sportler für solche Belastungen durchaus geeignet. Es ist naheliegend, dass auch er für diese Gewaltmärsche eingesetzt wird.

Mit übelsten Beschimpfungen werden die Häftlinge überall und immer wieder angetrieben, zum Appell, zum Essen und vor allem zur Arbeit. »*Wollt ihr wohl laufen, ihr Judenlümmel, elendes Pack, faules Gesindel, auf die Knie mit euch, runter noch tiefer«, so geht das jeden Tag, es hagelt Tritte und Schläge, die brüllenden Wachmannschaften quälen verhöhnen die Geschundenen in ihrer fast grenzenlosen Macht, bis die ersten Opfer zusammenbrechen,* erinnern sich Überlebende später. Ihr Alltag beginnt um 5.30 Uhr mit Geschrei und endet auch so lautstark. Sie hetzen zu den Waschplätzen und danach im Laufschritt vor die Baracken zum Morgenappell, bei dem nach dem obligatorischen »Abzählen« neue Anweisungen oder Arbeitseinteilungen verkündet werden. Zu diesem ständigen Antreten mit wiederholten Kontrollen der Sollstärke werden die Toten der Nacht mitgeschleppt. Denn sie können erst um 9 Uhr in der Leichenkammer abgeliefert werden, nach den Massendeportationen seit 1940 sind es oft mehr als 30 Verstorbene.

Die Verpflegung ist streng rationiert: das Frühstück besteht aus zwei Scheiben Brot, ca. 20 Gramm Marmelade oder Mus und einem Becher Ersatzkaffee. Mittags gibt es eine vitaminarme Mixtur, meist aus minderwertigen Kartoffeln, Rüben und Kohl bestehend, oder eine ähnlich dürftig angereicherte Wassersuppe. Die im Arbeitseinsatz tätigen Gefangenen der »Außenkommandos« bekommen als »Sonderration« zwei Scheiben Brot

64 Peter Josef (Joop) Snep wurde nach Sachsenhausen deportiert, weil er Juden aus den besetzten Niederlanden zur Flucht verholfen hatte.

mit Schmalz. Abends gibt es für jeden Häftling zwei Scheiben Brot mit Schweineschmalz, dazu einen Becher Tee. Manchmal bleiben ihnen nur fünf Minuten Zeit zum Verzehr. Ihr Alltag wird ständig von Schikanen begleitet, auf den Märschen zum Arbeitseinsatz und auf dem Rückweg müssen sie immer wieder das schicksalsverhöhnende »Sachsenhausenlied«[65] singen:

»Wir schreiten fest im gleichen Schritt,
wir trotzen Not und Sorgen,
denn in uns zieht die Hoffnung mit,
auf Freiheit und auf Morgen.

Wir schaffen hinter Stacheldraht,
mit Schwielen in den Händen,
und packen zu und werden hart,
die Arbeit will nicht enden.

Der Zynismus hinter Stacheldraht ist grenzenlos, wenn ein neuer Transport eintrifft und ins Lager getrieben wird, müssen die Häftlinge zum Spottgesang antreten. Mit dem Lied *»Alle Vöglein sind schon da«* werden die Neuen empfangen. Wer zu leise singt, wird von den Aufsehern niedergeprügelt. Fluchtversuche enden meist tödlich: Am 10. November 1939 entkommt der Häftling Wilhelm Halter auf dem Weg zum Klinkerwerk aus seiner Kolonne. Er dringt ins Gasthaus der Oranienburger Schützengilde ein und wird dann dort vor den Augen der Wirtin von einem SS-Mann erschossen.[66]

Ähnliche Vorkommnisse wiederholen sich ständig: Der von der Gestapo »als unverbesserlicher Querulant« inhaftierte Düs-

65 Das »Sachsenhausen-Lied« wurde im Dezember 1937 von den politischen Häftlingen Karl Wloch, Bernhard Bästlein und Karl Fischer (alle KPD) geschrieben. Obwohl später verboten, sangen es die Häftlinge freiwillig heimlich weiter.

66 Quelle: Forum der Gedenkstätte Sachsenhausen, Ermittlungen der Generalstaatsanwaltschaft beim Kammergericht Berlin (LAB A Rep. 358-02, Nr. 35).

seldorfer Rechtsanwalt Kaspar Anrath stirbt am 18. März 1940 in Sachsenhausen nach tagelangen Folterungen durch sechs SS-Blockführer. Nach ihren Angaben war er ihnen »lästig« geworden. In den dann folgenden Wochen ermorden mehrere SS-Führer mindestens 75 jüdische Gefangene, die als sogenannte »Rasseschänder« im Isolierungsbereich untergebracht sind. Unter den Opfern ist auch der bekannte Sänger Georg Adler, er wird von den Blockführern Richard Bugdalle und Otto Kaiser zu Tode getreten.[67]

Auch Georg Elser, der Adolf Hitler am 8. November 1939 bei einem Bombenattentat im Münchener Bürgerbräukeller ermorden wollte, endet in Sachsenhausen. Als »Sonderhäftling des Führers« wartet er seit Jahresbeginn 1941 abseits des Lagerzentrums im abgeschirmten Zellenbau auf sein weiteres Schicksal.[68]

Zahlreiche bekannte Persönlichkeiten teilen in diesem KZ das Schicksal von Bernhard Strauß: Politiker, Wissenschaftler, Journalisten und Politiker, unter ihnen seit November 1938 der Schauspieler, Fotograf und spätere Regisseur Bernhard Wicki (»Die Brücke«) und von 1938 bis 1941 der Theologe Martin Niemöller.[69] Der 1,86 große und kräftige Wicki, wegen Mit-

---

67 Dokumentation der Dauerausstellung im ehemaligen Konzentrationslager Sachsenhausen.

68 Johann Georg Elser (4.1.1903–9.5.1945) war von Beruf Kunstschreiner und ein Widerstandskämpfer gegen den Nationalsozialismus. Am 9. November 1939 unternahm er ein Bombenattentat im Münchner Bürgerbräukeller, dem Adolf Hitler und nahezu die gesamte NS-Führungsspitze zum Opfer fallen sollte. Das Attentat scheiterte. Beim Versuch in die Schweiz zu entkommen, wurde er am selben Tag bei Konstanz festgenommen und in Gestapo-Haft überstellt. Als »Sonderhäftling des Führers« kam er 1941 ins KZ Sachsenhausen, von dort wurde er im Februar 1945 nach Dachau überstellt und am 9. April durch Genickschuss ermordet.

69 Emil Gustav Friedrich Martin Niemöller (14.1.1892–6.3.1984): evangelischer Theologe und führender Vertreter der Bekennenden Kirche, nach 1945 Präsident der Evangelischen Kirche in Hessen und Nassau bzw. Präsident im Ökumenischen Rat der Kirchen. Als ehemaliger Marineoffizier und U-Boot-Kommandant hatte er 1924 noch nationalsozialistisch gewählt und die Einführung des »Führerstaats« begrüßt. Die Vermischung von politischen Aussagen mit dem Glaubensbekenntnis lehnte er jedoch immer schärfstens ab

morgens Rapportdienst hatte. Meist liess er uns noch auf dem Platz antreten u. mehrere Kniebeugen machen.

Vor seinem Einsatz im Klinkerwerk war Strauß bis Mitte 1939 zum Bau eines Schießstands eingesetzt, bei dem Schubert die Aufsicht führte. Dazu gibt er zu Protokoll: *Ich bin Augenzeuge gewesen, wie er Häftlinge erschossen hat, die dort arbeiteten. Ihre Namen sind mir nicht bekannt. Es war Anordnung, dass wir uns sofort mit dem Gesicht auf den Erdboden legen mussten, wenn ein Schuss fiel. Wir konnten, nicht sehen, was dann passierte.*

Strauß weiter: *Nach meiner Erinnerung haben sich beide auch besonders an Misshandlungen hervorgetan, wenn ein Häftling getürmt war. Das ganze Lager musste dann antreten. Wir Juden durften nicht stehen, sondern mussten im sogenannten »Sachsengruß«, Knie gebeugt und Hände am Hinterkopf, hocken. Ich wurde dabei auch von beiden getreten.* Zum Schluss betont Strauß: *In meiner gesamten Lagerzeit bin ich ja mit tausenden von SS-Leuten zusammengekommen, eiserner Gustav und Pistolen-Schubert waren aber die schlimmsten Schinder.*[72]

Und diese Schinder haben willige Helfer. Strauß erinnert sich an die Zeit in der Baracke 38: Blockältester (rote Armbinde) war Arthur Balke, der nach dem Krieg in Frankfurt ein Obst- und Gemüsegeschäft betreibt. Schon in Sachsenhausen ist der als »Berufsverbrecher« Inhaftierte ein übler Zeitgenosse, drei Jahre später wird Strauß ihm in Auschwitz wieder begegnen, Balke hat es inzwischen zum Oberkapo gebracht. Er ist für etwa 1200 Häftlinge verantwortlich, mehrere Kapos sind ihm unterstellt.

Als Strauß in Sachsenhausen ankommt, ist SS-Oberführer Hermann Baranowski[73] für das Lager verantwortlich. »Vier-

72 Landesarchiv Nordrhein-Westfalen (Duisburg): Bestand: Gerichte, Rep. 529, Nr. 10, Staatsanwaltschaft Bonn, 8Ks 1/58 (Sorge/Schubert) VII, Teil 1, Zeugenvernehmung im Ermittlungsverfahren gegen Sorge, Gustav und Schubert, Wilhelm wegen Mordes (22.3.1956), Protokollabschrift nach Vorlage. Siehe auch Bestand: Gerichte, Rep. 529, Nr. 38.

73 Hermann Baranowski (1884-1940): seit 1936 Schutzhaftlagerführer und Kommandant in zwei Konzentrationslagern (Dachau u. Sachsenhausen),

kant« ist sein Spitzname, den er mit Stolz trägt. »*Etwas Querkopf, aber unbedingt zuverlässig und treu*« steht in seiner dienstlichen Beurteilung von 1933, die den gnadenlosen Umgang mit von ihm Abhängigen noch nicht erwähnt. Bereits in seiner früheren Dienststelle, im KZ Dachau, ist er als harter und brutaler SS-Führer bekannt geworden. Stundenlang konnte er den Auspeitschungen zusehen und die SS-Leute anfeuern, noch härter zuzuschlagen.

Häftlinge erinnern sich später als Zeugen vor Gericht: »*Dann dröhnte sein Lachen durch die Nacht, er brüllte und schlug sich auf die Schenkel*«. Den Gepeinigten soll er zugerufen haben: »*Hier hat niemand zu lachen. Der Einzige, der hier lacht, ist der Teufel, und der Teufel bin ich!*«[74] Strauß erlebt ihn mehrfach, wenn er auf seinem Rappen durchs Lager reitet, hoch zu Ross die Gefangenen verhöhnt und seinen Untergebenen Anweisungen erteilt. Nach längerer Krankheit stirbt er im Februar 1940, der Tod verwischt die Spuren seiner grausamen Vergangenheit. Im großen Kriegsgräberfeld des Hamburger Friedhofs Ohlsdorf liegt die Urne des Massenmörders, gemeinsam mit Opfern des Hamburger Konzentrationslagers KZ Neuengamme und den Toten der Hamburger Bombennächte. Auch er ist dort als »*Opfer von Krieg und Gewaltherrschaft*« beigesetzt. Für seine letzte Ruhestätte zahlt nun der Staat.[75]

Auf Baranowski folgt im September 1939 SS-Sturmbannführer Walter Eisfeld, von den Gefangenen in kurzen Worten als »brutal« und »eiskalt« beschrieben. Er hinterlässt weitere deutliche Spuren des Grauens. Im März 1940 übernimmt sein bisheriger Stellvertreter SS-Oberführer Hans Loritz das Kom-

---

NSDAP-Mitglied Nr. 345 321, SS-Nr. 24 009.

74 Stanislav Zamecnik: Das war Dachau, Seite 137, S. Fischer Verlag, ISBN 9783596172283.

75 Urnengrab Baranowski: Nach Angaben der Kriegsgrab-Liste Nr. 546 des Friedhofs Hamburg-Ohlsdorf unter der Grabbezeichnung L31-472a beigesetzt. Betr. Pflege der Ruhestätte ist in der Karteikarte zum Hinweis »Bundeszuschuss« handschriftlich ein »Ja« vermerkt.

mando. Er ist mitverantwortlich für die Auswahl der arbeitsunfähigen Gefangenen, die im Juni 1941 in der Tötungsanstalt Pirna-Sonnenstein ermordet werden und organisiert im selben Jahr die Erschießung von mindestens 12 000 sowjetischen Kriegsgefangenen in einer »Genickschussanlage«. Mit der neuen Position weitet Loritz auch seine Selbstbereicherung aus: In Gefangenenwerkstätten, unter den KZ-Insassen »Loritz-Werke« genannt, setzte er ganze Kommandos für private Zwecke ein, bis er ohne weitere Konsequenzen wegen Korruption seines Amtes enthoben wird.

Im Randgebiet des KZ-Bereichs von Sachsenhausen steht die Villa[76] jenes Mannes, der die ersten Konzentrationslager organisierte und als Leitender Inspektor ihr menschenverachtendes System perfektioniert hat. Theodor Eicke[77] ist einer der brutalsten und rücksichtslosesten Vollstrecker im SS-Apparat. Unter seiner Führung entstehen die gefürchteten Totenkopf-Verbände, zunächst als Lager-Wacheinheiten, 1939 wird daraus die im Kriegseinsatz berüchtigtste Kampfdivision der so genannten SS-Verfügungstruppen. Die Lagerleitungen stehen weiter unter Eickes Einfluss. Nach einer Verwundung in der Sowjetunion nimmt er während des Genesungsurlaubs im Juli 1941 als Wortführer an einer Lagerbesprechung in Sachsenhausen teil. Seinen Anweisungen folgen schon kurz danach programmierte Massenhinrichtungen. Allein ab 31. August bis Ende November 1941 werden in diesem Lager mehr als 12 000 sowjetische

---

76 Eickes ehemalige Villa ist heute ein Jugendbegegnungszentrum der Gedenkstätte Sachsenhausen.

77 Theodor Eicke (17.10.1892–26.2.1943): SS-Obergruppenführer und General der Waffen-SS, Kommandeur der »Totenkopf«- und SS-Wachverbände. Von Juni 1933 bis Juni 1934 Kommandant des KZ Dachau, danach in Sachsenhausen. Bis 1939 Inspekteur aller Konzentrationslager und in führender Position am Aufbau des deutschen KZ-Systems beteiligt. Während des Zweiten Weltkriegs Kommandeur der an zahlreichen Kriegsverbrechen beteiligten SS-Division »Totenkopf«, die ursprünglich aus den Wachverbänden der Konzentrationslager gebildet wurde. Eicke wird der von Adolf Hitler befohlene Mord an dem SA-Stabschef Ernst Röhm zugeschrieben (»Nacht der langen Messer« am 30.6.–1.7.1934).

Kriegsgefangene durch Genickschuss ermordet. Die beteiligten SS-Männer des Kommandanturstabes erhalten zur Belohnung Orden, Sonderurlaub und eine mehrwöchige Italien-Reise.[78]

Grausame Bestrafungsaktionen gehören zum Lageralltag, wie die gewaltsame Erpressung von Geständnissen und Aussagen. Betroffene werden auf dem Appellplatz mit gefesselten Armen an einen der sieben »Marterpfähle« gehängt und bis zur Bewusstlosigkeit gefoltert. Zur Abschreckung müssen die Mitgefangenen den schaurigen Ereignissen zuschauen. Wer dabei eine falsch verstandene Regung zeigt, kann schon das nächste Opfer sein. Das müssen die sechs von Strauß getrennten Emser Mitgefangenen nicht lange erleben, die meisten von ihnen werden 1939 entlassen. Nur Jakob Schaust bleibt als »politisch unzuverlässig« fünf Jahre in Haft.

Am 27. August 1939 stellt Strauß aus dem KZ Sachsenhausen postalisch (mit Formbrief des Lagers) einen Antrag beim Standesamt Bad Ems *betr. der zusätzlichen Eintragung des Vornamens »Israel«*[79] ins Standesamtsregister. Diese erkennungsdienstliche Maßnahme war seit 1938 für alle Juden vorgeschrieben und ist für Strauß so erst am 7.9.1939 dokumentiert.[80] Außerdem bittet er um eine Geburtsurkunde mit dem zusätzlichen Vornamen. *Ich benötige dieselbige dringend für einen Paß*, heißt es dazu wörtlich. Das Schreiben geht am 1.9.1939 bei der Stadtverwaltung

---

78 Horst Seferens: *Sowjetische Kriegsgefangene im KZ Sachsenhausen 1941-1945.* In: *Gedenkstättenrundbrief.* Nr. 104, 2001, S. 38–40, Gedenkstättenforum Sachsenhausen (gedenkstaettenforum.de), abgerufen am 19.8.2020.

79 Juden, die keinen in einer besonderen Liste des Innenministeriums genannten jüdischen Namen hatten, mussten ab 19.1.1939 zusätzlich den Zwangsnamen »Israel« (für männliche Personen) oder Sara (für weibliche Personen) annehmen.

80 Nachtrag am 7.9.1939 im Geburtsschein des Standesamtsregisters: *Durch Verordnung vom 17. August 1938 führt der nebenbezeichnete Bernhard Strauß noch den weiteren Vornamen »Israel«.* Diese Verfügung wurde auf Grund des Gesetzes Nr. 1 des Alliierten Kontrollrats am 18. Oktober 1946 durch einen weiteren Nachtrag gelöscht.

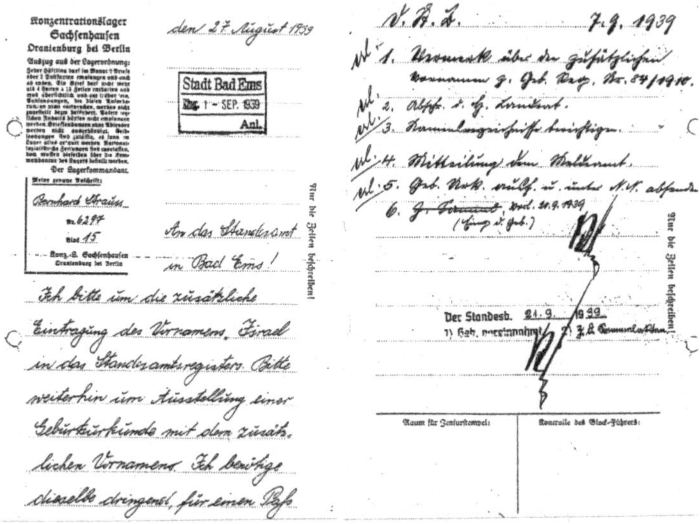

Konzentrationslager Sachsenhausen Oranienburg bei Berlin

den 27. August 1939

Stadt Bad Ems Eing. 1 - SEP. 1939 Anl.

Bernhard Strauß Nr. 6297 Block 15

An das Standesamt in Bad Ems!

Ich bitte um die zusätzliche Eintragung des Vornamens Israel in das Standesamtsregister. Bitte weiterhin um Ausstellung einer Geburtsurkunde mit dem zusätzlichen Vornamen. Ich benötige dieselbe dringend, für einen Paß

Nur die Zeilen beschreiben!

V. V. Z. 7.9.1939

Der Standesb. 21.9.1939

Raum für Zensurstempel:

Kontrolle des Block-Führers:

Gesuch von Bernhard Strauß aus dem KZ Sachsenhausen an die Stadtverwaltung Bad Ems betr. einer Namensergänzung. (Quelle: Stadtarchiv (SABE) Bad Ems)

in Bad Ems ein, der amtliche Vermerk im Register wird mit den Änderungsdaten 20.9.1939 bzw. 21.9.1939 per Post bestätigt[81] – ein entsprechender Nachtrag in der Einwohnerkartei liegt aber nicht vor.

Schon zu Beginn seiner Haft soll er sich mit Auswanderungsplänen beschäftigt haben, denn im Januar 1939 beantragt Bernhard Strauß nach Unterlagen der Gestapo Frankfurt ein »*bereinigtes polizeiliches*« Führungszeugnis.[82] Ob es ihm zugestellt

81 SABE 3/338: Schreiben von Bernhard Strauß an das Standesamt Bad Ems, in einem vorgedruckten Formbrief (Konzentrationslager Sachsenhausen) am 27.8.1938 dort abgesandt und als zugestellt bei der Stadtverwaltung Bad Ems am 1.9.1938 durch Eingangsstempel bestätigt. Der Begriff »bereinigt« bezieht sich auf die Streichung von kleineren Vergehen und sogenannten »Jugendsünden«. Ob die Anmerkung »bereinigt« von der Behörde zugefügt wurde oder Strauß den Antrag wirklich so geschrieben hat, ist nicht belegt.

82 Aus einem Schreiben des Landratsamtes Diez (I 3927) v. 28.1.1939 an die Geheime Staatspolizei - Staatspolizeistelle in Frankfurt/Main.

Lageralltag im KZ Sachsenhausen um 1939/40. (Foto: Gedenkstätte Sachsenhausen)

wird, ist nicht belegt, aber bei seinen finanziellen Mitteln ist der Traum von fernen Ländern ohnehin aussichtslos. Er muss geahnt haben, dass es noch schlimmer kommen wird, denn mehrere Tausend Betroffene der reichsweiten Exzesse treffen bereits am Abend des 10. November 1938 im Lager ein. Sie sind die ersten jüdischen Opfer der so genannten »Kristallnacht«.

Zur gleichen Zeit tobt der braune Terror in den Straßen von Bad Ems, kein Angehöriger der jüdischen Gemeinde bleibt verschont, auch nicht ihre Synagoge. Ein SA-Kommando schändet das Gotteshaus, Kultgegenstände werden zerrissen und verbrannt. Die Inneneinrichtung mit den Kultgegenständen und Archivalien der jüdischen Gemeinde wird zerstört, obwohl den Bad Emser Rädelsführern die Gestapo-Anweisung vorliegt, dass historisches Material sicherzustellen und an die zuständigen SD-Stellen abzugeben ist.[83]

SA- und SS-Leute fallen mit ihren Helfern auch im Elternhaus der Familie Strauß ein, sie misshandeln die hilflosen Bewohner und demolieren ihr Mobiliar. Emilie Strauß, deren Mann schon seit fünf Monaten in KZ-Haft ist, erlebt das Grauen hautnah vor ihrer Haustür – und sieht, wie der braune Mob bei der Schwiegermutter wütet.[84] Heinrich K., ihr Wohnungsnachbar und ein ortsbekannter Nazi, droht: »*Wenn du dich wagst und gehst hier raus, dann kommst du genau dahin wo die anderen sind.*« Doch sie wird Zeugin weiterer Ausschreitungen: Direkt gegenüber, in der Friedrichstraße 9 wüten stadtbekannte SA-Männer. Sie misshandeln den Uhren- und Schmuckhändler Eugen Sundheimer und plündern seine Gold- und Silberwaren. Einer der Hauptakteure bei diesem Unternehmen ist der Reformhausbetreiber Ernst F., in seinem Opel P4 wird die Beute abtransportiert. Wo sie geblieben ist, und ob sich die Täter dann tatsächlich persönlich bereichert haben, das kann nie geklärt werden.

Bernhard Strauß, dem dieser Raubzug durch die Friedrichstraße von mehreren Einheimischen bestätigt wird, kommentiert das Ereignis 30 Jahre nach seiner Rückkehr in die Heimat verbittert: *Das waren die Herren, die mit jüdischem Geld ihre Existenz aufgebaut haben*. Diese Äußerung ist zwar eine nicht bewiesene Behauptung, aber sie stellt auch den allgemeinen Umgang mit der Vergangenheit in Frage. Wer kann beantworten, woher der Inhalt der Goldbarren stammt, die in der Bundesbank oder in Schweizer Tresoren lagern? Dort endete auch das Gold der Zahnfüllungen, die den Ermordeten vor ihrem Ende in den Krematorien herausgebrochen wurden. Niemand kann heute

---

83 Fernschreiben des Geheimen Staatspolizeiamtes (Berlin) v. 9. November 1938 an alle untergeordneten Dienststellen.

84 SABE 3/428: Der Überfall auf das Haus Friedrichstraße 13 und die Zerstörung der Wohnungseinrichtung von Netta Strauß während der Pogrome (10.11.1938) wird am 9. November 1955 in einem Schreiben der Stadtverwaltung Bad Ems an das Regierungsbezirksamt in Koblenz bestätigt.

Zwangsarbeit im Klinkerwerk Sachsenhausen. (Foto: Gedenkstätte Sachsenhausen)

sicher sein, dass sein nach 1945 erworbener Ehering von makelloser Herkunft ist.

Viele Nachbarn verfolgen die Ereignisse der Bad Emser »Kristallnacht« hinter ihren Gardinen. Keiner verhindert die Gewalttaten an jenem nasskalten Donnerstagabend, niemand versucht, die Eindringenden zu stoppen. Hier tobt der ungehemmte heimische Antisemitismus. Es sind scheinbar biedere Bürger, die sich an den Gewaltorgien beteiligen. Überall werden die Verfolgten aus ihren Wohnungen vertrieben und in sogenannte »Judenhäuser«, unter anderen in der Römerstraße 64, auf engstem Raum zusammengepfercht. 131 jüdische Bürger leben zu dieser Zeit in Bad Ems, die meisten von ihnen verschwinden in den nächsten Wochen spurlos, sie werden enteignet, und verschleppt.

Nur wenige der arischen Mitbewohner fragen, wo sie geblieben sind. »*Deutschland soll arisiert, das Judentum ausgemerzt werden*«, verkünden die lokalen Braunhemden nach den Vorgaben der Goebbels-Propaganda. Und sie verwüsten in ihrem Wahn die zu dieser Zeit schon 101 Jahre alte Synagoge. Später wird sie von der Hitlerjugend im Rahmen ihrer Sammelaktionen als Depot für gebrauchte Kleidung, Schrott und Altpapier missbraucht. Bad Ems ist kein Einzelfall, im gesamten Reich wüten die Nationalsozialisten mit ihren willigen Helfern. Die dabei entstandenen Millionenschäden kommentiert Hermann Göring als Reichsbeauftragter des Vierjahresplanes mit diesem Satz: »*Mir wäre lieber gewesen, ihr hättet 200 Juden erschlagen und hättet nicht solche Werte vernichtet.*«[85]

In der Kurstadt finden diese reichsweit organisierten Pogrome mit einem Tag Verspätung und besonders gewalttätig statt. Zwei jüdische Mitbürger sterben dort an den Folgen der Tyrannei: eine Frau erleidet durch die Überfälle einen tödlichen Schock, der traumatisierte Ingenieur Adolf Königsberger stürzt sich fünf Wochen später aus dem dritten Stock seines Elternhauses, direkt gegenüber dem Kursaal. Dort trifft im Jahr darauf Hitlers Leibstandarte erste Vorbereitungen für eine zentrale Weihnachtsfeier, zu der am 23. Dezember 1939 auch ihr »Führer« und Namensgeber erwartet wird. Nach dem Überfall auf Polen hat der Vorläufer der künftigen Waffen-SS fast 2000 Soldaten im unteren Lahntal stationiert, davon etwa 800 Mann in Bad Ems. Sie sind »*willkommene Gäste*«, wie unter anderem die Einträge in den lokalen Schulchroniken belegen.[86]

---

85 Hermann Göring am 12. November 1938 vor Funktionären der Partei, Regierung und Wirtschaft während einer Konferenz im Reichsluftfahrtministerium.

86 Archiv des Goethe Gymnasiums Bad Ems: Jahresberichte der damaligen Kaiser-Friedrich-Oberrealschule (heute Goethe Gymnasium). Auszug zum Aufenthalt der Waffen-SS: »*Vom 13.11.1939 bis 28.2.1940 hatte die SS-Leibstandarte Adolf Hitler in Bad Ems Quartier bezogen. Auf beiden Schulhöfen standen Wagen und Geschütze einer Pak.-Komp. Mannigfache freundschaftliche Beziehungen zwischen Schule und dieser Truppe ergaben sich daraus. Offiziere und Mannschaften*

Groß-Rosen

Am 9. September 1941[87] wird Bernhard Strauß als »Asozialer«[88] mit einem Transport (125 Häftlinge)[89] vom KZ Sachsenhausen ins Lager Groß-Rosen gebracht (ca. 60 km südwestlich von Breslau). Dazu gibt es eine amtliche Bestätigung mit dem Datum 20. Sept. 1941.[90] Die Deutsche Reichsbahn berechnet diese Massentransporte mit »zwei Pfennig pro Häftling und Kilometer«. Auch für die obligatorischen Fahrten in überfüllten Güterzügen muss das Reichssicherheitshauptamt den Standardtarif der dritten Klasse im Personenverkehr bezahlen.

Groß-Rosen ist unter der Leitung des Kommandanten Arthur Rödl eines der berüchtigtsten Konzentrationslager, Juden haben unter dem Terror des Verwaltungspersonals und der so genannten Funktionshäftlinge (z. B. Kapos)[91] besonders zu leiden. Sie sind von den übrigen Gefangenen und sogar untereinander

---

berichteten in den Klassen von dem Polenfeldzug. Diese lebendigen Erzählungen fanden bei den Schülern lebhaften Widerhall.«

87 Nach Angaben aus dem FSB-Archiv in Moskau und Mitteilungen des Archiwum Muzeum Groß-Rosen (Signaturen MGR-A; sygn. 1/MF, Verzeichnis der Häftlinge im KL Groß-Rosen, und MGR-A; sygn. 6821/DP, Lista transportowa do KL Groß-Rosen sowie MGHR-A; sygn. 6030/DP, Verzeichnis der aus d. Krankenrevier, aus Baracken und aus Juden ausgewählten Häftlinge des KL Groß-Rosen.

88 »Asoziale« war eine Sammelbezeichnung für als »minderwertig« bezeichnete Menschen, die nach der NS-Ideologie den sozialen Randgruppen zugeordnet wurden und (oder) wegen angeblichen Anpassungsproblemen den geforderten Leistungsmaßstäben nicht entsprachen. Sie waren als »faule Volksschädlinge« und »unnütze Esser« geächtet, für die die Mehrheit der Volksgemeinschaft zu ihrem Nachteil aufkommen müsse.

89 Transportliste der Reichsbahn v. 8.9.1941.

90 ITS-Arolsen: Copy of 1.1.11.1/135640, Häftlings-Fragebogen der Effektenkammer des KZ Groß-Rosen, und Copy of 6.3.3.2/103393135: *aus den Akten des ITS-Archivs, Aufenthaltsbescheinigung des Internationalen Roten Kreuzes v. 6.1.1959.*

91 Funktionshäftlinge: von der Lagerleitung für die Aufsicht der Mitgefangenen bevorzugte Berufsverbrecher (wegen ihrer Winkelkennzeichnung auch »Grüne« genannt), die dort als Kapos eine meist brutale Macht auslebten.

Lagereingang zum KZ Groß-Rosen. (Foto: Gedenkstätte Groß-Rosen)

total isoliert und dürfen sich nur in dem für sie zugewiesenen Bereich aufhalten. Strauß kommt als Häftling 1210 in den vom übrigen Unterkunftsbereich abgeschirmten »Judenblock« (Baracke 4). Dort verbringt er ein Jahr lang seine knappe Freizeit mit bis zu 300 Leidensgenossen. Zusammengepfercht auf engstem Raum, auch hier mit dreistöckigen Holzgestellen als knapp bemessene Schlafstätten, meist ohne Decken und Unterlagen. Der Gang zur Toilette ist wegen der dichten Belegung nachts nicht erlaubt. Einzige Habe bleibt der zerbeulte Blechnapf, den oft schon ein Todeskandidat hinterlassen hat. Im Alltag von Groß-Rosen sind jüdische Gefangene besonders hohen Arbeitsanforderungen ausgesetzt, vorwiegend für den zwölfstündigen Einsatz im Steinbruch oder bei kräftezehrenden Bauarbeiten.

Es kann davon ausgegangen werden, dass Strauß wie die meisten jüdischen Gefangenen unter schwersten Bedingungen im benachbarten Granitsteinbruch der SS-eigenen »Deutsche Erd- und Steinwerke GmbH« (DEST) arbeiten muss. Das hat

Der Granitsteinbruch Groß-Rosen. Hier schufteten die Häftlinge unter grausamsten Bedingungen, viele kamen dabei ums Leben. (Foto: Gedenkstätte Groß-Rosen)

er später in einem Tonbandinterview so auch angedeutet. Mit einfachen Werkzeugen müssen sie den schwarz-weißen schlesischen Granit aus den Felsen brechen, vor Ort die besseren Stücke zu hochwertigem Baumaterial polieren und den Rest zu Pflastersteinen verarbeiten. Der größte Teil der Zwangsbeschäftigten sind Juden, die unter besonders grausamen Bedingungen und bei kleinsten Essensrationen schuften. Sie dürfen mit ihren Mithäftlingen nicht sprechen, medizinische Hilfe bleibt ihnen versagt, sie haben die geringsten Überlebenschancen. Etwa ein Drittel der Gefangenen stirbt dort während der Lagerhaft. »*Das Lager Groß-Rosen war ein Ort der Inhaftierung und Zwangsarbeit, eine Hinrichtungsstätte, ein Umschlagplatz für den Transport der KZ-Häftlinge von einem ins andere Lager und ein Ort des Massensterbens*«, so beschreibt die Buchautorin Isabell Sprenger das KZ auf dem niederschlesischen »Kuhberg«.[92]

92 Isabell Sprenger: Groß-Rosen: Ein Konzentrationslager in Schlesien, Verlag Böhlau, Köln (ISBN 3412113964).

Auf Anordnung der NS-Führung sollen alle Konzentrationslager im deutschen Reichsgebiet ab Sommer 1942 »judenfrei« gemacht werden. Die ersten Gefangenentransporte gehen nach Polen in die Vernichtungslager Auschwitz und Majdanek, die Zurückgebliebenen erwartet eine ungewisse Zukunft. Gefürchtet sind dabei die Selektionen der im Auftrag des Reichssicherheitshauptamtes (RSHA) anreisenden Gutachterkommissionen, die bis zum Frühjahr 1944 im Rahmen der Aktion »T4« besonders geschwächte und hinfällige Häftlinge zur »Sonderbehandlung« (Tötung) ausmustern. Aufgrund neuer Vorgaben und eines Befehls vom 11. April 1944 sind dann nur noch Lagerärzte und Lagerverwaltung für die Selektionen verantwortlich, Meldebögen müssen für diese tödlich endenden »Ausmusterungen« auch nicht mehr erstellt werden.

Wegen Krankheit steht Bernhard Strauß während seiner Haftzeit in Groß-Rosen bereits auf einer Liste zur »*Sonderbehandlung 14f13*«. Ihm droht die Verlegung in die Landes- Heil und Pflegeanstalt Bernburg an der Saale,[93] eine Tötungsanstalt der Nazis. Dort werden im Verlauf der »Aktion 14f13« bzw. »T4« seit dem Frühjahr 1941 fast 5000 nicht mehr arbeitsfähige und aus anderen Gründen unerwünschte KZ-Häftlinge selektiert und mit Kohlenstoffmonoxid in einer Gaskammer ermordet.[94] Die Zahlen- und Buchstabenkombination 14f13 entstammt dem »SS-Einheitsaktenplan«, in diesem Fall bestehend aus der Ziffer 14 für den Inspekteur der Konzentrationslager, der Buchstabe »f« für Todesfälle und die Zahl »13« für die Todesart. In Bernburg bedeutet das die Tötung durch Gas.

Die ersten Transportlisten der Ausgesonderten werden schon im Dezember 1941 zusammengestellt, auf der Liste vom 16.12.1941 steht auch der Name Bernhard Strauß. Zur selben Zeit ist seine 63 Jahre alte Mutter nach kurzem Aufenthalt im Kölner »Judenhaus« Aachener Straße 28 und einem halben Jahr

---

93 Arolsen Archives: Copy of 1.1.11.1 / 135942, im Dezember 1941 erstellte Liste (Juden-Transport vom KL Groß-Rosen).

94 Arolsen Archives: Copy of 1.1.2.1. / 525992.

SS-Hauptsturmführer Dr. Friedrich Mennecke, T4-Gutachter in Groß-Rosen, und damit Herr über Leben und Tod von nicht mehr arbeitsfähigen Häftlingen.
(Foto: Gedenkstätte Groß-Rosen)

Zwangsaufenthalt im Arbeitslager Friedrichssegen ins KZ Riga deportiert worden. Wenig später ist sie dort auf bisher ungeklärte Weise verstorben. Der Wehrmachtsoffizier Ludwig Linkenbach, ein nach Riga versetzter Nachbar aus Bad Ems, hat Netta Strauß noch kurz vor ihrem Tod in der Küche eines Soldatenheims beim Kartoffelschälen angetroffen. Auch das erfährt der Sohn erst lange nach seiner Heimkehr 1945.

Am 19. und 20. Januar 1942 kommt der Obersturmführer und SS-Arzt Dr. Friedrich Mennecke,[95] ein früher Befürworter der

95 Dr. Friedrich Mennecke (*6.10.1904 in Groß-Freden), seit März 1932 NSDAP-Mitglied (Nr. 1.095.280), und seit Mai 1932 Angehöriger der SS (Nr. 142.813), zuletzt (1945) SS-Arzt im Rang eines Obersturmführers, ab 1937 Beauftragter des Rassenpolitischen Hauptamtes für die Kreise Rheingau und St. Goarshausen. Seit 1939 »Gutachter« für die Tötungsaktion T4, 1940 – 1942 Direktor der Anstalt Eichberg / Rheingau, aus der während seiner Leitung von Januar bis August 1941 nachweislich 2235 Menschen zur Tötungsanstalt Hadamar geschickt wurden. Vermutlich seit März 1941 an den Selektionen zur so genannten »Sonderbehandlung 14f13« in Konzentrationslagern beteiligt. Nach eigenen Angaben dabei in den KL Dachau, Buchenwald, Auschwitz, Ravensbrück, Neuengamme und Groß-Rosen tätig. Auch für die Selektion

Leitendes SS-Personal im KZ Groß-Rosen, in der Mitte Lagerkommandant Arthur Rödl. (Foto: Gedenkstätte Groß-Rosen)

Euthanasie, zur Selektion ins Konzentrationslager Groß-Rosen. Dort werden von ihm 214 Häftlinge zur »Sonderbehandlung« ausgemustert, mit ihnen auch Bernhard Strauß. Das ist in einer weiteren Liste vom 3. März 1942 dokumentiert.[96] Die Untersuchungen der jüdischen Gefangenen erfolgt ohne medizinische Diagnosen und im Schnellverfahren mit teilweise schon ausgefüllten Meldebögen. Für Dr. Mennecke ist das nur lästige Routine. In einem Brief an seine Frau schreibt er bereits am

---

von 214 Häftlingen am 19. und 20.1.1942 in Groß-Rosen verantwortlich. Mennecke wurde im Frühjahr 1946 verhaftet, am 21.12.1946 wegen »*Mordes in einer unbestimmten Anzahl von Fällen*« vom Landgericht Frankfurt »*zum Tode*« verurteilt, er legte Revision ein. Am 16./17. Januar Zeuge im Nürnberger Ärzteprozess. Mennecke starb 28.1.1947 im Zuchthaus Butzbach an den Folgen einer Tuberkulose – wenige Tage bevor das Todesurteil gegen ihn rechtskräftig wurde.

96 Dokument: *Liste über den Transport aus dem K.Z.-Lager Groß-Rosen*, Sieben Seiten, numerisch von Häftling 1 bis 214, Anhang zum Begleitschreiben Bernburg v. 3. März 1942.

20.11.1941: »... *Die Arbeit flutscht nur so, weil ja die Köpfe jeweils schon getippt sind und ich nur die Diagnose, Hauptsymptome etc. einschreibe*«.[97]

Von den 214 zur Vernichtung bestimmten Häftlingen werden am 17. März 1942 zunächst 70 und am folgenden Tag weitere 57 Gefangene nach Bernburg gebracht, 36 der »Ausgemusterten« sind bis dahin bereits im Lager Groß-Rosen verstorben. Von den dann noch verbliebenen 52 Gefangenen werden »42 arbeitsfähige Juden«, unter ihnen Bernhard Strauß, von der »Todesliste« gestrichen. Weitere zehn Häftlinge sind infolge »Arbeitseinteilung« (Lagersperre vom 17.1.1942 bis 17.2.1942) wieder *»voll arbeitsfähig geworden«* und damit vom Transport nach Bernburg ausgenommen, meldet der Lagerkommandant Arthur Rödl an das SS-Wirtschafts-Verwaltungshauptamt in Oranienburg.[98]

Strauß wird nur wenige Stunden vor dem Transport von der Liste genommen, weil er noch rechtzeitig genesen ist und damit als »gesund und arbeitsfähig« zurückbleiben darf. Sonst hätte er wahrscheinlich das Schicksal seiner beiden in der Tötungsanstalt Hadamar umgekommenen Söhne geteilt. Und das nach der Selektion durch jenen Dr. Mennecke, der schon lange vor ihrer Ermordung am Grauen von Hadamar beteiligt war. Willi und Horst Strauß werden fast zur selben Zeit aus ihrem Elternhaus verschleppt, als ihr Vater der Fahrt in die eigene Vernichtung entkommen kann. Keiner von ihnen erfährt, was auf der jeweils anderen Seite geschieht.

Bernhard Strauß weiß zu dieser Zeit noch nicht einmal, dass seine Ehe am 22. Januar 1942 unter den zunehmenden Repressalien, politischem Druck, sowie nach Lügen der Behörden am

---

97 Siehe Literatur: Friedrich Mennecke, Innenansichten eines medizinischen Täters im Nationalsozialismus: eine Edition seiner Briefe 1935-1947. Bearbeitet von Peter Chroust. Forschungsberichte des Hamburger Instituts für Sozialforschung. Hamburg 1988, Bd. 1., Dok. 77, S. 205 f).

98 Quelle: Harvard Law School Library (Nuremberg Trials Project): Aus dem Fernschreiben Nr. 664 (v. 26.3.1942, 10.40 Uhr) des Lagerkommandanten von Groß-Rosen (Obersturmbannführer Rödl) an das SS-Wirtschafts-Verwaltungshauptamt, Amtsgruppe D, Oranienburg.

22. Januar 1942 vom Landgericht Limburg für ungültig erklärt worden ist und die Frau ihren früheren Namen Glasmann wieder angenommen hat.[99]

Sie bekommt die Mitteilung, der Ehemann sei verstorben, ihm wird gesagt, dass seine Frau die Scheidung wolle. Den täglichen Demütigungen ausgesetzt und um das Wohl ihrer Söhne bedacht, entscheidet sie sich schließlich zu diesem Schritt. Eine Nachricht von und über ihren Mann hat sie schon seit Jahren nicht mehr bekommen, der Kontakt ist seit seiner Verhaftung abgebrochen. Auch in seinen Lagerakten und in den dort verwalteten Postkontrollkarten findet sich dazu kein Hinweis.

Wenige Monate nach dem Gerichtsbeschluss lernt Emilie Glasmann durch ihren Sohn Günter den Wehrmachtssoldaten Udo Miethke kennen. Sie arbeitet als Reinigungskraft im »Haus Hindenburg«, eine Heilstätte des Reservelazaretts 677 in Bad Ems. Dort holt sie der damals Neunjährige nach der Schule regelmäßig ab. Dabei kommt der Junge auch in Kontakt mit den Verwundeten und trifft schließlich auf Miethke, zu dem sich eine besondere Freundschaft entwickelt.[100] So kommt es dann auch zum Kontakt mit der Mutter, es folgen gemeinsame Spaziergänge und Kinobesuche, zwischen den beiden entsteht eine feste Beziehung. Am 28. November 1942 heiraten sie, die neue Ehe wird auf dem Standesamt Bad Ems geschlossen, acht Monate später kommt ihr Sohn Ernst zur Welt. Udo Miethke

---

99 SABE 3/428: Schreiben des Standesamtes Bad Ems an das Meldeamt Bad Ems.

100 Udo Miethke gehörte seit August 1939 einer Maschinengewehr-Kompanie des Infanterie-Regiments 477 der Wehrmacht an, ab 15.11.1940 in dieser Funktion dem Infanterieregiment 415. Er wurde nach wiederholter Verwundung an der Ostfront (u. a. »*Wangendurchschuss*«) und mehreren Zwischenstationen am 4.7.1942 mit dem Lazarettzug 2642 nach Bad Ems gebracht und dort ins Reservelazarett 677 (»Haus Hindenburg«) eingewiesen. Miethke blieb dort bis zum Januar 1943, am 13.1.1943 folgte seine Versetzung zur Genesenden-Kompanie des Grenadier-Ersatz-Bataillons 338 nach Crossen/Oder. Im April 1944 kam er nach erneuter Verwundung an der Ostfront ins Reservelazarett Wernigerode (Harz). Quelle dieser Angaben: Bundesarchiv (WASt), Signatur des Bundesarchivs: B 563-1, KARTEI M-881/136)

ist kein Nazi und auch kein duldsamer Mitläufer, wie Nachbarn später berichten. Er selbst gibt am 5. November 1945 bei einer Zeugenanhörung zu Protokoll: *Ich hatte Zuneigung zu der Frau und wollte sie nicht allein ihrem Schicksal überlassen, da sie sonst in persönliche Schwierigkeiten gekommen wäre. Den Kindern von Bernhard Strauß nahm ich mich an, als wenn es meine eigenen wären,* berichtetet er in der amtlichen Anhörung.[101]

Nach Miethkes Angaben und Aussagen der Angehörigen habe er sich für die Rückkehr der Kinder eingesetzt und dabei auch einen Streit mit dem Ortsgruppenleiter nicht gescheut: *Es hat mich deshalb auf tiefste erschüttert, dass die beiden älteren Jungen im Alter von 14 und 12 Jahren aus Hadamar geschrieben hatten, sie sollten demnächst vergiftet werden. Es handelte sich zunächst um 2 Briefe. Der eine wurde von dem ältesten Jungen an mich persönlich ins Feld geschickt. Der andere ging an die Adresse von Frau Strauss, mit der ich seit November 1942 verheiratet war. Die beiden Briefe stammten aus dem Jahr 1943. Ich bekam dann im September 1943 ein Telegramm von meiner Frau, dass die beiden Jungen in Hadamar umgebracht worden seien. Darauf fuhr ich sofort in Urlaub nach Bad Ems. Als ich nach Hause kam, hörte ich von meiner Frau, dass der Ortsgruppenleiter Gilbert bereits mehrere Male in der Wohnung gewesen sei und die Aushändigung dieses in Frage kommenden Briefes kategorisch verlangt habe. Meine Frau hat diesen Brief auf Druck tatsächlich herausgegeben.* Danach suchte Miethke den Ortsgruppenleiter Andreas Gilbert auf, es kam es zu einer lautstarken Begegnung. … *Während der Auseinandersetzung drohte mir der Ortsgruppenleiter mit Anzeige, wenn ich mich in meinen Ausführungen nicht mässigte. Ich hatte den Eindruck gewonnen, dass der Ortsgruppenleiter ein rigoroser und brutaler Mensch war, der absolut im Sinne der Partei handelte.*[102] Nach Miethkes Aussa-

101 SABE 3/338: Protokoll der Polizeibehörde Bad Ems vom 5.11.1945, betr. einer Zeugenaussage zum Tod der Kinder Willi und Horst Strauß.

102 SABE 3/338: Aussage von Udo Miethke, Anhörungsprotokoll der örtlichen Polizeibehörde in Bad Ems vom 5.11.1945 (in Originalschreibweise übernommen).

gen und Prozessunterlagen von 1949/50 soll Gilbert bei dieser Begegnung auch geäußert haben: ... *die Kinder gingen ihn nichts an. Wenn er – Miethke – sich darum kümmere, käme er auch dorthin, wo die anderen wären.*[103]

103 Landesarchiv Koblenz: Akten der Generalstaatsanwaltschaft Koblenz, AZ 9/3 JS 1488/48 (Ermittlungsverfahren gegen Gilbert u. A. wegen Unmenschlichkeit).

Auschwitz

Am 16. Oktober 1942 wird Bernhard Strauß mit 36 weiteren Gefangenen per Bahntransport von Groß-Rosen in das Konzentrationslager Auschwitz I (Stammlager) gebracht. Von dort kommt er wenig später ins sechs Kilometer entfernte Nebenlager Buna-Monowitz[104], damals »Schutzhaftlager Abteilung III« (Lager 4). Das Ankunftsdatum erschließt sich aus den Transportlisten und dem Korrespondenzwechsel der Lagerverwaltung. Mit Gebrüll und Schlägen, begleitet vom Gebell der abgerichteten Wachhunde werden die Häftlinge nach ihrer Ankunft an der Rampe aus den Waggons getrieben. *Niemand kommt hier lebend raus*, schreien die SS-Männer. Schon die Ankunft im Stammlager erlebt nicht jeder, Tausende werden täglich direkt in die Gaskammern getrieben. »Zur Desinfektion«, heißt es, wenn sie zuvor ein Stück Seife bekommen, das schon mehrfach einen Todgeweihten auf dem Weg zur Vernichtung begleitet hat. Bernhard Strauß wird erst nach 1945 erfahren, dass zur selben Zeit auch sein acht Jahre jüngerer Bruder Walter in Auschwitz angekommen ist und dort vermutlich schon kurz danach ermordet wurde. Auch Miry Flegenheimer (geborene Leopold), eine sechs Jahre ältere Nachbarin aus der Friedrichstraße und die aus Bad Ems stammende Fanny Kirchberger werden in diesem Lager sterben.

Für das Schreckensregime im Hauptlager ist seit Mai 1940 Rudolf Ferdinand Höß verantwortlich. Sechs Jahre später wird er vor dem Internationalen Gerichtshof in Nürnberg ein umfassendes Geständnis ablegen: *Ich befehligte Auschwitz bis zum 1. Dezember 1943 und schätze, dass mindestens 2 500 000 Opfer dort durch Vergasung und Verbrennen hingerichtet und ausgerottet wurden; mindestens eine weitere halbe Million starben durch Hunger und Krankheit, was eine Gesamtzahl von ungefähr 3 000 000 Toten ausmacht. Diese Zahl stellt ungefähr 70 oder 80 Prozent aller Personen dar, die als Gefangene nach Auschwitz geschickt wurden; die übrigen*

---

104 Transportliste der Reichsbahn v. 16.10.1942 (Groß-Rosen – Auschwitz).

wurden ausgesucht und für Sklavenarbeit in den Industrien des Konzentrationslagers verwendet.[105] Zu den »*übrigen*« gehört Bernhard Strauß, er übersteht die »Selektion« im Hauptlager als arbeitsfähig, SS-Ärzte schicken ihn mit den anderen Davongekommenen zunächst zur Vorkontrolle in die Quarantäneblöcke. Unter eiskalten oder extrem heißen Duschen beginnt es für sie mit der »Entlausung«. Alle Gefangenen müssen sich danach, soweit das in einem anderen Lager noch nicht geschehen ist, gegenseitig von Kopf bis Fuß rasieren. Ihre Haare werden später in riesigen Ballen tonnenweise ins Reich gebracht, unter anderem zu Dämmungsmaterial für die Fahrzeugindustrie, zur Füllung von Matratzen und zu Filzmatten verarbeitet, oder zur Herstellung von Kleiderstoffen zu Garn versponnen.[106] Nackt werden die Kahlgeschorenen zur Kleiderausgabe getrieben, jeder bekommt eine meist abgetragene Jacke und Hose aus dem bekannten blau-grau gestreiften Baumwollstoff, dazu eine entsprechend gemusterte Mütze und grobe Holzpantinen.

Es folgt die Registrierung der Häftlinge, jeder erhält zwei Stoffstreifen mit seiner persönlichen Nummer und farbigem Dreieck (»Winkel«), die auf Brusthöhe der Jacke und am rech-

---

105 Akten zum Prozess vor dem Internationalen Gerichtshof in Nürnberg: Eidesstattliche Erklärung des KZ-Kommandanten Rudolf Höß am 5. April 1946, Dokument 3868 PS.

106 Historiker behaupten, sie hätten in der damals durch die Unternehmer Wilhelm und Georg Schaeffler arisierten Textilfabrik (früher Davistan) im oberschlesischen Katscher (heute poln. Kietrz) 1,95 Tonnen Stoffrollen gefunden, die aus den Haaren von mehr als 40 000 KZ-Häftlingen hergestellt wurden. Ein Teil dieser Bestände wird im Museum der Gedenkstätte Auschwitz aufbewahrt. Vernehmungsprotokolle von Arbeitern der ehemaligen Plüsch- und Teppichfabrik (Wilhelm Schaeffler KG) bestätigten nach dem Krieg, dass im Jahr 1943 zwei Waggonladungen mit jeweils 1,5 Tonnen Menschenhaar angeliefert worden seien. Nach chemischen Analysen wurden dort später Spuren des Vernichtungsgases Zyklon B festgestellt. Siehe dazu unter anderem auch einen Bericht im Magazin DER SPIEGEL Nr. 12/2009. Wilhelm Schaeffler gründete mit seinem Bruder Georg nach dem Krieg in Herzogenaurach ein neues Unternehmen, daraus entstand später als weltweit führender Automobil- und Industriezulieferer die »Schaeffler-Gruppe«.

ten Oberschenkel der Hose anzunähen sind.[107] Strauß muss den gelben Winkel für Juden und den schwarzen Winkel der »Asozialen« tragen, aufeinander genäht ergeben sie einen Stern. Mit der Registrierung wird er durch die Häftlingsnummer 68251 auf dem linken Unterarm gekennzeichnet. Vor ihm hat der slowakische Sonderhäftling Ludwig (Lale) Eisenberg (Jahrgang 1917)[108] schon Tausende Gefangene zu fünfstelligen Nummern gemacht. Der »Tätowierer von Auschwitz« presst seinen Zahlenstempel[109] mit den scharfen Metallnadeln auch äußerst schmerzhaft tief in die Haut des 32-jährigen Bad Emsers. Er reibt dann Tinte in die noch blutende Wunde, damit die Daten deutlich sichtbar werden. Die SS-Lagerleitung hat Eisenberg, der vom Wachpersonal nur mit »*Nummer 32407*« angesprochen wird, diesen grausamen Auftrag erteilt. Sie droht ihm mit dem Tod, wenn er ihn nicht mehr schaffen sollte.

---

107 Fritz Bauer Institut (Frankfurt): Unterlagen zum KZ Buna-Monowitz, Zeugenaussagen während der Auschwitz-Prozesse.

108 Ludwig (Lale) Eisenberg, seit Oktober 1945 Sokolow: gefürchteter »Tätowierer von Auschwitz«, als Jude 1942 aus seiner slowakischen Heimat verschleppt und nach Auschwitz deportiert. Wegen seiner umfangreichen Sprachkenntnisse (fünf Sprachen) wurde er zu dieser Tätigkeit verpflichtet. Sein Vorgänger als »Haupttätowierer« brachte ihm das »Handwerk« bei – und lehrte ihn auch, wie man im KZ überleben kann. In dieser Funktion, bei der er auch seine spätere Frau Gita kennenlernte, hatte er besondere Annehmlichkeiten (eigenes Zimmer, Extrarationen, Freigang). Mit seiner Vorrangstellung erpresste er Mitgefangene, nahm ihnen Schmuck und Geld ab, tauschte für sie Juwelen in den umliegenden Orten gegen Nahrung ein, behielt dabei jedoch erhebliche Anteile dieser überlassenen Wertgegenstände. Als die Nazis Auschwitz räumen mussten, konnte er in seine Heimat zurückkehren. Den Weg nach Hause bezahlte er mit erpressten Habseligkeiten seiner Mitgefangenen. In Australien konnte er mit seiner Frau dem neuen Namen Sokolov ein neues Leben beginnen und seine Vergangenheit bis zum Ende seines Lebens geheimhalten. Bis er der Autorin Heather Morris begegnete und ihr sein Geheimnis preisgab, sie hat dazu ein Buch geschrieben (»Der Tätowierer von Auschwitz«, Verlag Piper).

109 Der Zahlenstempel bestand aus kleinen austauschbaren Metallplatten mit millimeterbreiten scharfen Nadeln, die jeweils eine Ziffer darstellten. Um eine bestimmte Nummer zu bilden, mussten mehrere solcher Platten im Stempel zusammengesteckt werden.

Das Tor zur Hölle: Frontansicht vom Lager Auschwitz-Birkenau kurz nach der Befreiung. (Foto: Stanislaw Mucha)

Für Bernhard Strauß beginnt nach dieser Prozedur im Stammlager eines der finstersten Kapitel seiner jahrelangen Haft. Zeitweise wird er einem Sonderkommando zugeteilt, das täglich mehrere hundert Tote aus den Gaskammern in die Krematorien schleppen muss. *Von dieser qualvollen Tätigkeit berichtete er mir oft in grauenvollen Details,* erinnert sich seine Schwiegertochter Marlies Miethke. Die Torturen während des Transports, die Zwangsarbeit in der Todeszone und seine ersten Arbeitseinsätze im Buna-Bereich von Monowitz müssen Strauß deutlich zugesetzt haben, denn bereits drei Wochen nach seiner Ankunft steht er auf der Ausfall-Liste. Den 4. bis 24. November 1942 verbringt er völlig geschwächt in der Krankenstation für Gefangene, dann kommt er in den Hauptkrankenbau (HKB, Block 28) des Stammlagers I.[110] Er wird im Raum sieben untergebracht,

110 Archiv des ehemaligen Konzentrationslagers Auschwitz: Transportlisten zum KL Auschwitz, Hinweise der Krankenstation für Gefangene (Block 28/7) und der Krankenstation für Gefangene des KL Auschwitz III-Monowitz.

KZ Auschwitz III, Buna/Monowitz (Foto: Bundesarchiv)

KZ Auschwitz-Monowitz, Buna-Werk (Foto: Bundesarchiv)

KZ Auschwitz im August 1944 (Verbrennung von Leichen). Von Alberto Errero (Sonderkommando) heimlich aufgenommen.

in den dreistöckigen Betten liegen jene, die es noch mit eigener Kraft dahin geschafft haben, auf Strohsäcken am Boden erwarten total Erschöpfte weitere Anweisungen.

Täglich, gegen 9 Uhr früh finden die sogenannten Arztvorstellungen statt. Medizinisch vorgebildete Häftlinge treffen dabei die Vorauswahl, sie melden ihre Diagnose dem SS-Lagerarzt, er entscheidet über das weitere Schicksal der Betroffenen. Häftlinge mit geringfügigen Symptomen werden als Simulanten zum Arbeitseinsatz zurückgebracht. Leidende, deren Genesung in spätestens sechs Wochen zu erwarten ist, kommen in

Siehe auch: Arolsen Archives, ITS-Digital Archive, Copy of 1.1.2.1/525992 (Meldebuch der HKB, Block 28, Auschwitz).

stationäre Behandlung. Schwerkranke mit geringer Chance auf eine absehbare Heilung werden zur Liquidierung ausgesondert und in der Regel am selben Tag getötet. Nach diesem Verfahren enden täglich bis zu 100 Menschen in den Gaskammern von Auschwitz. Zwei Tage lang muss auch Strauß erneut um sein Leben fürchten. Es geht ihm wie jedem Schicksalsgenossen auf der Patientenstube 7, in diesen entscheidenden Stunden kann keiner schlafen. Wie wird der Lagerarzt entscheiden?

Am Morgen des 26. November kommt die rettende Diagnose: er darf als »arbeitsfähig« nach Monowitz zurück. Hier muss er dann fast 27 Monate lang schwerste Zwangsarbeit im neu entstehenden Industriekomplex der Buna-Werke leisten. Seine künftige Bleibe wird der Block 51, eine der üblichen Baracken für zunächst knapp 200 Häftlinge. Unter den Mitgefangenen ist auch der bekannte Librettist, Schlagertexter und Schriftsteller Dr. Fritz Löhner-Beda.[111] Er kam am 17. Oktober 1942 mit einem Transport (405 Personen) aus Buchenwald, stand in der langen Wartereihe zur Tätowierung 310 Stellen hinter Strauß und trägt seitdem die Häftlings-Nummer 68561. Wenige Wochen später schreibt er auf Anweisung der SS das »Buna-Lied«, das er mit

111 Fritz Löhner, geboren als Bedřich [tschechisch für Friedrich] *Löwy*; auch *Fritz Lohner*, Pseudonym *Beda*, nannte sich mitunter *Löhner-Beda* (*24.6.1883 in Wildenschwert, Böhmen; † 4.12.1942 im KZ Auschwitz III Monowitz), österreichischer Librettist, Schlagertexter und Schriftsteller. Viele seiner Werke sind noch heute ungleich bekannter als er selbst. Unter anderem das gemeinsam mit Fred Raymond und Ernst Neubach geschriebene Lied »Ich hab' mein Herz in Heidelberg verloren«, und Texte für zahlreiche Bühnen- und Kinostücke (»Land des Lächelns«, »Ball im Savoy«, »Dein ist mein ganzes Herz«, »Ausgerechnet Bananen«). Während seiner KZ-Haft entstand das »Buchenwald-Lied«. Arthur Rödl, 1938 als SS-Offizier »Schutzhaftlager«-Führer in Buchenwald, forderte Häftlinge auf, für das Lager in Buchenwald ein Lied zu schreiben (»*Alle anderen Lager haben ein Lied, wir müssen auch ein Buchenwald-Lied bekommen*. Wer eines macht, bekommt zehn Mark.«). In kürzester Zeit schrieben und komponierten die österreichischen Gefangenen Fritz Löhner-Beda und Hermann Leopoldi das *Buchenwaldlied*. Es bestand aus drei Strophen und wurde auf Anweisung der SS beim Appell und anderen Gelegenheiten von Häftlingen vorgetragen und erklang auch als Marschlied, wenn die Arbeitskolonnen des KZ Buchenwald ein- und auszogen.

Bernhard Strauß und seinen Leidensgenossen bei den täglichen Märschen zum Arbeitseinsatz immer wieder singen muss:

Steht am Himmel noch freundlich Frau Luna,
erwacht das Lager der Buna,
steigt empor die schlesische Sonne,
marschiert die Arbeitskolonne.
Und auf Schritt und Tritt geht das Heimweh mit
und das schwere Leid dieser schweren Zeit,
doch die Arbeit winkt
und das Lied erklingt:
Nur die Arbeit macht uns frei,
an ihr geh'n die Sorgen vorbei,
nur die Arbeit lässt uns vergessen
alles das, was wir einst besessen.
Nur die Arbeit macht uns hart,
wenn uns das Schicksal genarrt,
und die Zeit vergeht und das Leid verweht,
nur das Werk unsrer Hände besteht.

Am 4. Dezember 1942 wird Löhner-Beda im Fabrikgelände erschlagen, nachdem die IG Farben-Direktoren Walter Dürrfeld, Otto Ambros, Fritz ter Meer, Carl Krauch und Heinrich Bütefisch während einer Betriebsinspektion die Arbeitsleistung des erkrankten 59-jährigen bemängelt haben.[112] Der Täter: Nach bisherigen Indizien der so genannte »Funktionshäftling« Josef (Jupp), Joachim Windeck, gelernter Bauarbeiter und bereits

112 Fritz ter Meer:1948 als Kriegsverbrecher vom US-Militärgericht in Landsberg zu sieben Jahren Haft verurteilt, »wegen guter Führung« 1950 entlassen. Bereits 1956 Aufsichtsratsvorsitzender der Bayer AG. Bei seiner Vernehmung zu Menschenversuchen in den Konzentrationslagern sagte er: »*Den Häftlingen ist dadurch kein besonderes Leid zugefügt worden, da man sie ohnedies getötet hätte.*« Otto Ambros: im Landsberger Kriegsverbrecherprozess 1948 zu acht Jahren Haft verurteilt, nach drei Jahren entlassen. Wenig später unter anderen führenden Positionen Aufsichtsrat beim Pharmaproduzenten Grünenthal (Hersteller von Contergan), er wurde in einem Nachruf durch die BASF gewürdigt: »*Eine ausdrucksvolle Unternehmerpersönlichkeit von großer Ausstrahlungskraft.*«

Im KZ Monowitz (Auschwitz III) am 4.12.1942 erschlagen: Schriftsteller und Schlagertexter Fritz Löhner-Beda (Foto (1928): Karl Winkler)

wegen Mordes verurteilter Gewohnheitsverbrecher (27 Vorstrafen).[113] Im Stammlager von Auschwitz und bei den Arbeitskommandos ist er unter der Nummer 3 221 als Kapo eingesetzt. Mit 600 Häftlingen kommt er am 28.10.1942 ins Auschwitzer Arbeitslager III Buna / Monowitz und ist dort bis zum Sommer 1944 privilegierter Lagerältester (schwarze Armbinde mit der

113 Josef (Jupp) Windeck: im Stammlager von Auschwitz und bei den Arbeitskommandos wurde Häftling Nr. 3 221 als Kapo eingesetzt. Mit 600 Gefangenen am 28.10.1942 ins KL III Monowitz verlegt, dort gefürchteter Lagerältester. Er malträtierte mehrfach Mitgefangene, mehrere bis zu ihrem Tod. Politische Häftlinge konnten ihn 1943 zwar der Korruption überführen, aber nach zwei Wochen »Strafkompanie« im KL Birkenau auch dort bald wieder Kapo. Während einer Flucht 1945 wurde Windeck verhaftet, dann als Soldat dem letzten Aufgebot einer Wehrmachtseinheit zugewiesen. Mit dem Kriegsende 1945 kam er in sowjetische Gefangenschaft und wurde dort zu 25 Jahren Arbeitslager verurteilt. Vorzeitig entlassen, kehrte er 1955 nach Deutschland zurück. 1966 von der Staatsanwaltschaft Frankfurt wegen Mordes an 117 Mithäftlingen angeklagt, im 3. Frankfurter Auschwitz-Prozess zu 15 Jahren Zuchthaus bei Aberkennung der bürgerlichen Ehrenrechte verurteilt. Windeck wurde aus gesundheitlichen Gründen im Juni 1969 erneut vorzeitig entlassen, er starb 1977 in Mönchengladbach.

Aufschrift LÄ). Wegen Korruptionsvorwürfen wird er versetzt, in seiner Funktion folgt der Berufsverbrecher Franz Raschke, nur wenige Wochen später der Gewohnheitskriminelle Georg Scholle und dann bis Januar 1945 der nicht weniger brutale Breslauer Kriminelle Paul Kozwara, im Lager nur »PK« genannt.

Die Umstände der Ermordung von Löhner-Beda beschreibt Raul Hilberg in seinem Buch *Die Vernichtung der europäischen Juden* nach der eidesstattlichen Aussage des überlebenden Mithäftlings Raymond van den Straaten, der im Sommer 1947 beim Nürnberger Prozess gegen I.G. Farben als Zeuge gehört wird: *»Einer der Direktoren wies auf Dr. Löhner-Beda und sagte zu seinem SS-Begleiter: ›Diese Judensau könnte auch rascher arbeiten.‹ Darauf bemerkte ein anderer I.G.-Direktor: ›Wenn die nicht mehr arbeiten können, sollen sie in der Gaskammer verrecken.‹ Nachdem die Inspektion vorbei war, wurde Dr. Löhner-Beda aus dem Arbeitskommando geholt, geschlagen und mit Füßen getreten, daß er als Sterbender zu seinem Lagerfreund zurückkam und sein Leben in der I.G.-Fabrik Auschwitz beendete.«*

Schon seit seiner Haft in Sachsenhausen hat Bernhard eine eigene Strategie des Überlebens, erst 49 Jahre später wird er darüber berichten: *Ich habe sämtliche Arbeiten geleistet, darum lebe ich heute noch. Im Lager konnte verlangt werden, was man wollte, ich habe mich immer gemeldet. Ob das Maurer war, ob das Schlosser oder Elektriker war. Oder ob man in den Steinbruch musste, ich konnte alles. Das hat mir nichts ausgemacht, und das hat mir mein Leben gerettet. Solange sie arbeiten konnten, wurde ihnen kein Haar gekrümmt. Die brauchten sie ja. In Auschwitz haben wir für die IG Farben gearbeitet und das hat die SS bezahlt bekommen, wir haben kein Geld bekommen. In Auschwitz haben wir das große Leuna-Werk aufgebaut.*[114] *Da waren wir noch mit zigtausend Häftlingen, von 1942 bis Ende 1944 habe ich da gearbeitet.* Tatsächlich ist er dort bis zum 18. Januar 1945, so steht es in den KZ-Unterlagen.

---

114 Tatsächlich waren es die Buna-Werke, die in Auschwitz-Monowitz für den IG-Farben-Konzern gebaut wurden. Dass Strauß dort gearbeitet hat, ist im ITS Arolsen durch Akten und Listen belegt.

Zu seinem Glück im Unglück kommt es für Strauß nie zu einer direkten Begegnung mit dem berüchtigten SS-Lagerarzt von Auschwitz-Birkenau. Dr. Josef Mengele[115] ist gefürchtet wegen der spontanen Auswahl von Häftlingen für seine vielseitigen medizinischen Experimente. Die holt er sich seit Mai 1943 auch aus dem Lager Buna-Monowitz. An ihnen praktiziert der sadistisch veranlagte Mediziner mit dubiosen Methoden unter anderem neue Techniken der Sterilisierung und Kastration. Seine chirurgischen Experimente erfolgen ohne Betäubung. Wer die Operation überlebt, wird danach vergast.

Mengele traktiert willkürlich ausgesonderte Versuchspersonen mit Elektroschocks, um dabei festzustellen, welche Stromstärke schließlich zu ihrem Tod führen wird. Im Auftrag der Pharmaproduzenten Bayer AG, Hoechst und Behringwerke erprobt er neue Medikamente gegen Fleckfieber und Malaria. Ungezählten Opfern injiziert er Säuren, die zu schwersten körperlichen Schäden und oft zum Tod führen. Er lässt Menschen töten, um ihre Augen präparieren zu können. Kein Gefangener ist vor dem gewissenlosen Zyniker sicher, auch kein Kapo oder ein anderer Vorzugshäftling. Dem »Tätowierer von Auschwitz« soll er mehrfach gedroht haben: *»Eines Tages, Tätowierer, werde ich dich nehmen.«*

Der Tagesablauf im Lager Buna (ab Dezember 1943 offiziell »Arbeitslager Monowitz«) ist streng geregelt: Während des Sommers um fünf Uhr, im Winter eine Stunde später, ertönt das Wecksignal. Es ist ein nicht zu überhörender Gongschlag vom Appellplatz. Dreißig Minuten bleiben Bernhard Strauß

---

115 Josef Mengele (*16.3.1911): Sohn einer Günzburger Fabrikantenfamilie, Mediziner und Anthropologe, von Mai 1943 bis Januar 1945 als Lagerarzt in Auschwitz tätig, verantwortlich für Selektionen und den Tod von mehreren tausend Menschen. Er überwachte die Vergasung der Häftlinge und war gefürchtet wegen seiner vielseitigen Menschenversuche. Nach dem Krieg einer der meistgesuchten Kriegsverbrecher, der mit Hilfe hochrangiger ehemaliger Nazis und finanzieller Unterstützung seiner Familie nach Südamerika entkommen konnte. Mengele starb am 7.2.1979 im Bertioga (Brasilien), er ist nach einem Schlaganfall beim Schwimmen im Meer ertrunken.

zum Waschen und Anziehen, eine knappe halbe Stunde für das dürftige Frühstück, danach etwa dreißig Minuten Zählappell und Einteilung der Arbeitskommandos. Gegen 6.30 Uhr geht es im Gleichschritt unter strenger Bewachung zu den Arbeitsstätten, am Ausgangstor mit der KZ-bekannten Inschrift »Arbeit macht frei« spielt jeden Morgen die Lagerkapelle.

Auf den Baustellen wird schwerste körperliche Arbeit gefordert, Schutzkleidung fehlt, immer wieder kommt es zu Unfällen. Um zwölf Uhr beginnt die halbstündige, aber oft viel kürzere Mittagspause mit der wässrigen »Buna-Suppe«. Nach erneutem Zählappell wird weitergeschuftet, im günstigen Fall bis 18 Uhr (Sommer), danach Abmarsch ins Lager, und dort erneuter Zählappell. Tote und Verletzte werden auch hier von den Mithäftlingen zum Kontrollaufruf mitgeschleppt, denn die Tageszahlen müssen stimmen. Nach dem Abendessen bleibt nur knappe Zeit für kurze Gespräche, Kleiderreparaturen oder für den notwendigen Gang zum Krankenbau. Um 21.30 Uhr verkündet der nächste Gongschlag die Nachtruhe, das Licht wird abgeschaltet, doch eine wirkliche Nachtruhe ist bei den beengten Verhältnissen kaum möglich. Der Tagesplan wird oft durch zusätzliche Anforderungen, ständiges »Antreten« und sonstige Schikanen deutlich verlängert.[116] Die Brutalität des Lagerpersonals nimmt ständig zu, immer wieder kommt es zu öffentlichen Bestrafungsaktionen mit grausamsten Foltermethoden. Besonders gefürchtet sind die Verhöre an der »Boger-Schaukel«, auch »Papageien-Wippe« genannt. Häftlinge werden vor ihren angetretenen Mitgefangenen am Appellplatz mit den Kniekehlen nach oben zwischen zwei Pfosten aufgehängt, mit Knüppeln und Peitschen traktiert und oft auch noch nach einem erzwungenen Geständnis totgeprügelt. Der SS-Oberscharführer Wilhelm Boger, als »Bestie von Auschwitz« bekannt, hat diese Methode erfunden. Er nennt sie zynisch seine »Sprechmaschine«. Wegen mehrfachen Mordes, vielfachen Misshandlungen

116 Fritz Bauer Institut (Frankfurt): Unterlagen zum KZ Buna-Monowitz, Zeugenaussagen während der Auschwitz-Prozesse.

und der Beteiligung an Selektionen wird er 1965 in Frankfurt vor Gericht stehen und zu 15 Jahren Zuchthaus verurteilt. Ohne Konsequenzen endet für ihn 1951 ein Entnazifizierungsverfahren, die Stuttgarter Spruchkammer urteilt im Fall des ehemaligen Polizeibeamten (1933–1942): »*Er macht nicht den Eindruck eines rohen, brutalen Menschen, vielmehr den eines vernünftigen, gut geschulten Kriminalbeamten*«.[117]

Neuzugänge im Lager Auschwitz-Monowitz werden mit besonderer Härte empfangen: *Am ersten Arbeitstag, Vorabend vor Weihnachten, 24. Dezember 1942, mussten wir ohne Essen bis 3.00 Uhr morgens des 25. Dezember durcharbeiten. Unser Dienst bestand im Ausladen von Waggons, Eisenstangen, Zementsäcken und schweren Öfen,* erinnert sich der ehemalige Monowitz-Häftling Kai Feinberg als Zeuge im Nürnberger Prozess. Und er ergänzt seine Aussage: *Am 5. Januar war mein Vater bereits derartig geschwächt, dass er, als er im Laufschritt einen 50 Kilo schweren Zementsack schleppen musste, vor meinen Augen zusammenbrach. Ich wollte ihm helfen, wurde aber von einem SS-Mann mit einem Stock geschlagen und zurückgestoßen … Ein Bruder meines Vaters verletzte sich während der Arbeit am Arm und wurde vergast.*[118]

Und immer wieder drohen Selektionen, die für viele tödlich enden. Aus den benachbarten Lagern Auschwitz I und Birkenau (II) hört man Grauenhaftes. Wenn der Wind entsprechend steht, kann auch Bernhard Strauß es riechen. Besonders an den neblig-feuchten Herbsttagen. Ein übler süßlicher Geruch, der Hauch des Todes liegt dann in der Luft. Pausenlos werden in den Krematorien Leichen verbrannt, bis zu 8000 an einem Tag. Es spricht sich bald herum, dass die SS auch die Toten noch ausrauben lässt. Vor den Verbrennungsöfen werden ihnen die Goldkronen und Goldzähne herausgerissen. *Es sind nie mehr*

---

117 Angaben zu Wilhelm Boger: siehe Auschwitz-Prozess in Frankfurt, Aktenzeichen 4Ks 2/63.

118 Kai Feinberg: Eidesstattliche Versicherung vor dem Militärgerichtshof in Nürnberg.

zu löschende Bilder des Grauens, erinnern sich später zu diesen Wahnsinnstaten gezwungene Häftlinge der Sonderkommandos.

Buna, benannt nach dem gleichnamigen Unternehmen der IG Farben AG, ist das erste von einem privaten Industrieunternehmen geplante und finanzierte Konzentrationslager, ausschließlich für die Zwangsarbeit von Häftlingen vorgesehen. Bei einer Besprechung zwischen Lagerleitung und der Bauleitung von IG Farben AG wird am 27. März 1941 in Auschwitz vereinbart, dass die SS dem Unternehmen 1000 Häftlinge bereitstellt. Auf dem angrenzenden Werksgelände sollen sie riesige Fertigungsanlagen zur Herstellung von Synthesekautschuk (Buna) und für die Treibstoffproduktion bauen. Pro Hilfsarbeiter und Tag zahlt das Unternehmen drei Reichsmark an die SS, für jeden Facharbeiter vier Mark. Als Arbeitszeit werden während der Sommerzeit zehn bis elf Stunden festgelegt, für die Wintermonate mindestens neun Stunden[119].

Das Lager Buna-Monowitz (Lager 4) ist 500 Meter lang und 270 m breit, umgeben von einem dreifach gegliederten Zaun und zwölf Wachtürmen. Lagerführer ist bis November 1943 der durch besondere Grausamkeit bekannte SS-Obersturmführer Vinzenz Schöttl,[120] dann übernimmt der gelernte Buchdrucker und SS-Hauptsturmführer Heinrich Schwarz diesen Bereich. Auch er ist ein unberechenbarer und launischer Gewalttäter, der bis zur Räumung des Lagers Angst

---

119 Aus den Unterlagen des Fritz Bauer Instituts zum Konzentrationslager Buna-Monowitz (Die IG Farben und das Konzentrationslager Buna-Monowitz, Wirtschaft und Politik im Nationalsozialismus).

120 Vinzenz Schöttl (*30.6.1905 in Appersdorf, † 28.5.1946 in Landsberg/Lech): als deutscher SS-Führer mit leitender Funktion in Konzentrationslagern eingesetzt. Am 15.11.1945 im Dachau-Hauptprozess von einem US-amerikanischen Militärgericht als Kriegsverbrecher unter anderem wegen besonders grausamer Exzesstaten, der Misshandlung von Häftlingen und der Erschießung eines Gefangenen angeklagt. Schöttl und 35 Mitangeklagte wurden am 13.12.1945 zum Tod durch den Strang verurteilt und am 28.5.1946 im Kriegsverbrechergefängnis Landsberg hingerichtet.

und Schrecken verbreitet.[121] Und dennoch kommt es immer wieder zu Sabotageaktionen der Häftlinge: am 28. April 1943 sprengen sie durch Manipulation eine Hochdruckstation: neben dem Schaden an der Fertigungsanlage wird die Großgarage mit fünfzig Lastwagen und zwanzig Traktoren vernichtet.[122]

Sechs RAD-Baracken[123] sind ursprünglich für jeweils 55 Zivilarbeiter vorgesehen. Sie werden mit 190, später sogar mit durchschnittlich 250 Häftlingen belegt. Bis zum Frühjahr 1943 gibt es 20 Baracken, 14 dieser Blocks sind anfangs als Wohnunterkünfte für 3.800 Häftlinge geplant. Von knapp 4000 Häftlingen, die um die Jahreswende 1942/1943 im Buna-Gelände untergebracht werden, leben im Februar 1943 nur 2000. Die Werksleitung fordert eine bessere ärztliche Versorgung, aber die Verantwortlichen weigern sich, die Kosten für eine bessere Ausstattung des Häftlingskrankenbaus zu übernehmen.[124]

Das alles geschieht in jenen frühen Februartagen 1943, als die Schlacht um Stalingrad verloren ist. 110 000 gefangene Soldaten der 6. deutschen Armee und ihrer Verbündeten erfahren nun ähnliche Strapazen wie die in den deutschen Konzentrationslagern Geschundenen, deren grausames Schicksal durch die Zustimmung oder das Schweigen der Mehrheit im »Drit-

---

121 Heinrich Schwarz (SS-Nr. 19691), wurde nach der Räumung von »Buna-Monowitz« ins KZ Natzweiler versetzt, wo er für weitere Verbrechen verantwortlich war. Dafür wurde er vom französischen Militärgericht in Rastatt am 1.2.1947 zum Tode verurteilt und am 20.3.1947 hingerichtet.

122 Fritz Bauer Institut (Frankfurt): Unterlagen zum KZ Buna-Monowitz, Zeugenaussagen während der Auschwitz-Prozesse.

123 RAD: Reichsarbeitsdienst, eine Zwangsorganisation während der NS-Zeit. Alle jungen Männer mussten dort neben vormilitärischer Schulung sechs Monate Pflichtdienst im öffentlichen Arbeitseinsatz ableisten.

124 Bernd C. Wagner, IG Auschwitz. Zwangsarbeit und Vernichtung von Häftlingen des Lagers Monowitz 1941-1945, Seiten 165 und 176, ISBN 3-598-24032-5, Verlag Karl Saur, München.

ten Reich« erst möglich wurde. Nur 6000 der 110 000 werden überleben und ab Oktober 1955 in die Heimat zurückkehren.

Ende 1943 sind nach verstärkten Neuzugängen mehr als 7000 Zwangsarbeiter in Buna-Monowitz untergebracht, und das unter besonders prekären Bedingungen. In der Regel müssen sich zwei Gefangene eine Schlafstätte auf den knarrenden Brettern der dreistöckigen Etagenbetten teilen. Zusammengezimmerte Holzpritschen, die an wacklige Kellerregale für Kartoffeln und Winterobst erinnern. Meist ohne Decken, im günstigsten Fall erleichtert ein Sack mit faulendem Stroh die Nachtruhe. Für viele bleibt auch hier nur noch Platz auf dem Fußboden. Die Verpflegung ist miserabel: morgens bekommen sie eine Portion dünnen Ersatzkaffee, einen Kanten oder drei bis vier Scheiben Brot – und dazu, wenn überhaupt, zehn bis zwanzig Gramm Margarine. Fast jeden Mittag gibt es einen halben Liter der nach Chemikalien schmeckenden »Buna-Suppe« (auch »Bunkersuppe« genannt), eine mit Trockengemüse nur dürftig angereicherte Wassersuppe, ohne Fett, und Eiweiß, mit einem sehr geringem Vitaminanteil. Abends essen sie das Gleiche, diesmal mit einem geringen Kartoffelzusatz angereichert. Brot ist das Wichtigste im Lagerleben, und ein begehrtes Tauschobjekt.

Wer Brot stiehlt, muss mit dem Tod rechnen, denn »Kameradendiebstahl« wird unter den Gefangenen nach eigenen Regeln bestraft. Beim Lagerpersonal und den Angestellten des Buna-Werks sieht der Speiseplan deutlich besser aus: Zum Frühstück gibt es am 8. Dezember 1942 350 Gramm Brot, 50 Gramm Leberwurst, und durchaus erträglichen Ersatzkaffee. Das Mittagessen: Gerstensuppe, Grünkohl mit Salzkartoffeln und Fleischtunke. Und am folgenden Tag eine Vorsuppe, paniertes Schweinekotelett und Kartoffelsalat.[125]

---

125 Fritz Bauer Institut (Frankfurt): Unterlagen zum KZ Buna-Monowitz, Zeugenaussagen während der Auschwitz-Prozesse.

Mit den ständig steigenden Zugängen fehlt es im KZ Buna-Monowitz zunehmend an Unterkünften. Nachdem der weitere Lagerausbau mit den Planungen nicht Schritt hält, werden im Sommer 1944 zwei große Zelte für 700 Personen aufgestellt. Im Oktober 1944 findet dort eine der Selektionen[126] statt, weil es im Winter in den Zelten zu kalt gewesen wäre und in den überfüllten Baracken keine weiteren Häftlinge aufgenommen werden können. Wie viele Menschen danach in den Tod geschickt werden, ist nicht bekannt. Im Juli 1944 erreicht die gesamte Lagerstärke einen Höchststand von 11000 männlichen, überwiegend jüdischen Zwangsarbeitern.

In dieser Atmosphäre dominieren Angst und Zweifel. Kann man dem Nächsten vertrauen, ist er ein ehrlicher Schicksalsgenosse? Unter den Gefangenen herrscht ein angespanntes Verhältnis, verstärkt durch Argwohn zwischen den einzelnen Nationalitäten und den besonders gekennzeichneten Gruppierungen der »Politischen« (roter Winkel), Homosexuellen (rosa Winkel), Zeugen Jehovas (lila Winkel) und angeblich Asozialen (schwarzer Winkel). Selbst im Lager sind dem Rassismus keine Grenzen gesetzt. Das erleben die Juden mit dem gelben Winkel auch hier vielfach durch die Verachtung der Mitgefangenen, denn sie gehören zur untersten Stufe der Lagerhierarchie. Die Kriminellen mit dem grünen Winkel stehen in der Regel über den anderen Häftlingen. Die Lagerverwaltung bevorzugt sie als so genannte Funktionshäftlinge, unter anderem als Kapos, die ihre Mitgefangenen beaufsichtigen. Für die an ihren gelben Armbinden erkennbaren Vollstrecker des Unterdrückungssystems ist es eine mit besonderen Vergünstigungen verbundene

126 Selektion: Aussonderung der nicht für den Arbeitseinsatz tauglichen Zwangsarbeiter und KZ-Häftlinge, die dann durch Gas oder Giftspritzen getötet wurden. Gefangene, die schwächlich wirkten oder in den überfüllten Lagern als nutzlos galten wurden bei den Inspektionen regelmäßig »ausgemustert« und wenig später ermordet. Von August bis Dezember starben in Auschwitz auf diese Weise 2467 Menschen, die meisten von ihnen durch Phenolinjektionen in den Herzmuskel.

Vormachtstellung, die viele von ihnen mit brutaler Gewalt ausführen.[127] Wer sich nicht an die radikalen Vorgaben der Lagerführung hält, kann schnell zum Todeskandidaten degradiert werden.

Im August 1944 beginnen die ersten alliierten Luftangriffe auf Auschwitz. Am 20. August gegen 10.40 Uhr steuern drei Bomberwellen der US-Air-Force die Werksanlagen an, überall brennt es, Bombentrichter blockieren den Weg der Löschfahrzeuge, zwei Wachleute sterben, im Chaos der Ereignisse versuchen mehrere Häftlinge zu fliehen, fast alle werden von der SS gefasst und bestialisch bestraft. Weitere Angriffe folgen am 13. September 1944 und am 1. Dezember 1944. Die Bilanz der auf die Fertigungsanlagen gezielten Luftschläge: zahlreiche Tote und Verletzte unter dem Lagerpersonal, schwere Schäden im Produktionsbereich.

Die von der Außenwelt systematisch abgeschotteten KZ-Häftlinge wissen zwar, dass Deutschland an mehreren Fronten Krieg führt, aber in welchem Ausmaß, dazu erfahren sie nur wenig. Gerüchte dominieren im Alltag, Flüsterparolen vom siegreichen Vorrücken der Alliierten, aber auch Hoffnung zerstörende Nachrichten von ihren Niederlagen. Wie es draußen

---

127 Kapos (Capos) im KZ waren als Funktionshäftlinge bevorzugte Helfer der Lagerverwaltung. Sie mussten ihre Mitgefangenen beaufsichtigen und waren für ihre Disziplin und Arbeitsleistung verantwortlich. Für diesen Dienst erhielten sie neben der körperlichen Schonung besondere Vergünstigungen, unter anderem bessere Verpflegung, Zigaretten und Alkohol. Die SS bevorzugte Häftlinge, die für diese Privilegien skrupellos zu besonderer Brutalität bereit waren. Zu dieser Tätigkeit wurden verurteilte Kriminelle (sog. Berufsverbrecher), zur Bestrafung inhaftierte ehemalige SA-Mitglieder und politische Häftlinge eingesetzt. Es kam aber auch vor, dass unter jüdischen Gefangenen willige Helfer für die Aufsicht rekrutiert wurden. Der SS kam es auf eine möglichst reibungslose Befehlsweitergabe und die radikale Durchsetzung an. Es gab aber auch Kapos, die trotz ihrer Macht human blieben und von ihren Mitgefangenen angesehen waren.

wirklich aussieht, das können sie aus mitgehörten Gesprächen zwischen den SS-Männern und ihren Stimmungen nur erahnen.

Wie oft wird Strauß in diesen Jahren um seine Familie gebangt haben, denn die überfüllten Konzentrationslager sind ein erschreckender Hinweis, dass auch in der Freiheit niemand mehr sicher ist. Und mit den neuen Häftlingen kommen stets neue Horrormeldungen. Deutschland soll »judenfrei« werden, diese menschenverachtende Propagandafloskel verbreiten auch die hasserfüllten Wachmannschaften der SS. Dass man davon nicht mehr weit entfernt ist, bestätigen die hohen Zugangszahlen im KZ Auschwitz und die mit ihnen eintreffenden Hiobsbotschaften. Und so muss auch Strauß nach sechs Jahren Lagerhaft damit rechnen, dass ihm eines Tages hinter dem Stacheldraht vielleicht seine eigene Familie und weitere Angehörige begegnen könnten.

35 351 Menschen hausen seit dem Jahreswechsel 1944/45 in Buna-Monowitz und in den Nebenlagern, darunter 2044 weibliche Häftlinge. Bis mit dem schnellen Vormarsch der sowjetischen Streitkräfte plötzlich die Räumungsbefehle zum Aufbruch kommen. Die Wehrmacht ist bereits auf dem Rückzug, draußen, auf der Durchgangsstraße Krakau-Gleiwitz rollen schon lange Fahrzeugkolonnen Richtung Westen. Auch im KZ herrscht sichtbare Hektik, in den Schreibstuben der Verwaltungsbaracken werden massenweise Akten verbrannt. Am Nachmittag des 18. Januar 1945, die 60. Armee der 1. Ukrainischen Front ist nur noch zehn Kilometer entfernt, beginnt die Räumung des Lagers. Endlose Häftlingskolonnen marschieren in den späten Abendstunden Richtung Gleiwitz, nur etwa 600 Gefangene bleiben zurück.

Neun Stunden sind Tausende auf der knapp 70 Kilometer langen Strecke unterwegs, unter ihnen der Bad Emser Bernhard Strauß. Getrieben von fluchenden und schießwütigen Bewachern; die Begleitkommandos wurden durch ukrainische Sol-

Januar 1945: Häftlings-Transport von Auschwitz, unter anderem nach Mittelbau-Dora. (Foto: Jindrich Krĕmer)

daten der mit Deutschland paktierenden »Wlassow-Armee«[128] verstärkt. Es ist ein pausenloser Nachtmarsch bei zeitweise starkem Schneefall und eisigen Temperaturen um minus 20 Grad, den viele nicht überleben werden.

Wer die Strapazen nicht schafft, muss sterben, erinnert sich Strauß in einer späteren Anhörung: »*Auf dem Fußmarsch von Buna nach Gleiwitz ist es vielfach vorgekommen, dass die Häftlinge, die schlapp gemacht hatten, von SS-Begleitmannschaften erschossen worden sind*«.[129] Das bestätigt auch der ehemalige Häftling

---

128 Wlassow-Armee: Die so genannte Russische Befreiungsarmee, nach ihrem ersten Kommandeur Generalleutnant Andrei Wlassow auch »Wlassow-Armee« benannt, war ein Freiwilligenverband, der mit Russen, Ukrainern, Balten und Kaukasiern auf deutscher Seite im Zweiten Weltkrieg kämpfte. Die Aufstellung wurde Ende 1944 von Adolf Hitler ermöglicht, während Freiwillige nichtrussischer Völker der Sowjetunion schon drei Jahre früher in Ostlegionen organisiert waren.

129 HHStAW (arcinsys): Zeugenaussage von Bernhard Strauß bei den Vernehmungen zum Auschwitz-Prozess, Verfahren gegen Mulka, Robert u. andere,

In Auschwitz besonders gefürchtet: SS-Hauptsturmführer Richard Baer, Lagerleiter Buna-Monowitz (Foto: Gedenkstätte Auschwitz)

Franz Siegbert Unikower[130], der nach elf Monaten Auschwitz am 2. Februar 1945 mit der neuen Nummer 107 738 in die Hölle von Mittelbau Dora geschickt wird.[131] Bei seiner Anhörung

---

Signatur 461/37638, 45 Blatt 7850.

130 Franz Siegbert Unikower (11.5.1901–29.9.1997): Jurist und seit 1921 Mitglied der SPD, ab 1926 als Amts- und Landrichter tätig, von 1929 bis 1933 Rechtsanwalt, danach Berufsverbot. Nach den Novemberpogromen am 11.11.1938 verhaftet, bis 6.1.1939 im KZ Buchenwald, danach unter anderem Zwangsarbeit bei der Städtischen Müllabfuhr Breslau. Seit 6.3.1943 Häftling im KZ-Auschwitz-Monowitz, ab 2.2.1945 im KZ Mittelbau Dora, Mitte April ins KZ Ravensburg deportiert, dort Anfang Mai von US-Truppen befreit. September 1945 bis November 1946 Präsident des Oberlandesgerichts Schwerin, nach der Zwangsvereinigung von KPD und SPD wurde er Mitglied der SED. Zu dieser Zeit Mitbegründer der Jüdischen Landesgemeinde Mecklenburg, 1953 als Oberrichter aus dem Justizdienst entlassen. 1956 Flucht nach Westdeutschland, seit 1958 Mitglied des Zentralrates der Juden in Deutschland und Justitiar des Landesverbandes Hessen. 1958 erstellte er eine Liste der in Auschwitz tätig gewesenen SS-Leute, die er dem Frankfurter Generalstaatsanwalt Fritz Bauer zustellte. Damit leistete Unikower einen wichtigen Beitrag zur Anklage im 1961 folgenden Auschwitz-Prozess.

131 ITS, Arolsen Archives: Meldekarten betr. Franz Siegbert Unikower (11.5.1901, Breslau).

im Frankfurter Auschwitz-Prozess erklärt er im Dezember 1963: »*Der Boden war hart gefroren, wir waren schlecht angezogen und hatten auch schlechtes Schuhwerk, wer nicht mitkommt, wird erschossen.*«[132] Werner Bab (20), ein aus Berlin verschleppter Jude ist im hinteren Teil des Todeszugs. Nach dem Krieg schildert er einem Dokumentarfilmer seine Erinnerungen vom Todesmarsch: »*Rechts und Links war alles voll mit Leichen. Frauen, Kinder, Männer, es waren nur Leichen.*«[133] Nur die Hälfte der fast 35 000 Häftlinge sollen nach Angaben von Zeitzeugen in der Grenzstadt angekommen sein.

In Gleiwitz werden die Überlebenden dieser Nacht zum Weitertransport in Güterzüge getrieben. Panische Angst begleitet sie auf dem Weg ins Ungewisse. Wird man auch das noch schaffen, oder endet die Reise endgültig in einer Gaskammer? Dichtgedrängt, Kopf an Kopf stehen sie dann in den offenen Waggons. Sieben Tage und sieben Nächte dauert ihre Irrfahrt durch Deutschland, bis sie am nächsten Ziel ihrer Qualen ankommen. Viele von ihnen erreichen es nur noch als gefrorene Leichen, andere werden als solche schon unterwegs aus dem Zug geworfen.

Fast wäre es in Auschwitz zur Befreiung gekommen, denn schon Ende 1944 ist eine solche Aktion geplant. Eine 82 Mann starke Widerstandsgruppe innerhalb der Wehrmacht (10 Deutsche, 72 russische Hilfskräfte) will beim Näherrücken der sowjetischen Truppen einen Massenausbruch aus dem KZ Auschwitz III Monowitz ermöglichen. Die Gruppe unter der Leitung des Altkommunisten Hans Schnitzler[134] gehört zu einer

---

132 Aussage von Franz Unikover beim Frankfurter Auschwitz-Prozess am 20. Dezember 1963.

133 Spiegel Online v. 27.01.2019: Todesmarsch der Auschwitz Häftlinge: »Rechts und links war alles voll mit Leichen.«

134 Hans Schnitzler: bis 1950 Hans-Paul von Schnitzler (* 18.2.1908, † 16.11.1985), Sohn des Legationsrates Eduard von Schnitzler, seit 1898 Vizekonsul in Schanghai, dann in Rom und Antwerpen. Und Bruder von Karl Eduard von Schnitzler, Chefkommentator des DDR-Fernsehens (»Schwarzer Kanal«).

deutschen Flakeinheit, die in Wilkowitz nahe dem Lager stationiert ist. Mit 24 Geschützen Kaliber 8,8 und rund 1000 Granaten wollen sie »*auf die SS-Baracken und ausgewählte Wachtürme*« feuern und eine »*große Bresche in die Lagerumzäunung*« schießen. Ihr Plan scheitert, weil die Häftlinge zur geplanten Zeit bereits ins Reichsinnere verlegt werden. Schnitzlers Einheit kann die Todesmärsche aus ihrer Stellung bei Wilkowitz deutlich beobachten.

Cousin des für die Zustände im Buna-Werk Monowitz mitverantwortlichen IG-Farben-Vorstands Georg von Schnitzler (im Nürnberger Prozess 1948 zu fünf Jahren Haft verurteilt). Während seiner Studienzeit wurde Hans Schnitzler Kommunist. Er arbeitete ab 1928 für die Kommunistische Partei Deutschlands (KPD), zuerst im Roten Studentenbund, später für den Nachrichtendienst der KPD. 1932 stellte er den Antrag für eine KPD-Mitgliedschaft, die aus konspirativen Gründen nicht bewilligt wurde. Seit Hitlers Machtergreifung leistete er im Untergrund Widerstand gegen den Nationalsozialismus, sein Schwerpunkt war die Aufklärung des Verhältnisses zwischen NSDAP und Wehrmacht. 1942 zur Wehrmacht eingezogen, Ausbildung zum Flak-Offizier. Unter Schnitzlers Führung entstand dabei eine Widerstandsgruppe innerhalb der 8. bzw. 12. Flakdivision. Nach dem Krieg: Funktionär der DDR-Blockpartei, von 1950 bis 1963 Abgeordneter der DDR-Volkskammer.

Mittelbau-Dora (Nordhausen)

In den ersten Februartagen 1945 erreicht Bernhard Strauß mit einem der letzten Auschwitz-Transporte den Harz und dort bei Nordhausen (Thüringen) das nächste Konzentrationslager.[135] »Dora« am Südhang des Kohnsteins gehört als »Arbeitslager« mit 40 Außenstellen zum unterirdischen Rüstungswerk »Mittelbau«. In einer kilometerweit verzweigten Stollenanlage des ehemaligen Salzbergwerks und späteren Wehrmachts-Tanklagers entstehen seit dem Frühjahr 1944 Hitlers letzte Wunderwaffen V1 und V2[136]. Raketen, die mit Reichsbahntransporten auch durchs Lahntal und durch die Heimatstadt von Strauß rollen.

Seit dem 9. Dezember 1944 wird die V2 von den Abschussrampen im Westerwald, knapp sieben Kilometer von Bad Ems entfernt, vom »Hillscheider Stock«, sowie aus dem Daubacher und Oberelberter Markwald abgefeuert. Zunächst auf England, später auch auf Frankreich, Belgien und Holland. 1700 V2 und mindestens 6000 der V1-Flügelbomben werden dafür in den Tiefen des Kohnsteins gebaut. Nach späteren Erkenntnissen eine vielfach sabotierte Produktion mit hohem Ausschuss, die Vorgaben für eine effektive Betriebsstätte werden nie erreicht. Nur die Hälfte der Raketen trifft das erhoffte Ziel. Wernher von

135 Archiv der KZ-Gedenkstätte Mittelbau-Dora: Im Lager Mittelbau Dora ist die Deportation von Bernhard Strauß mit der Datumsangabe »zwischen 1. und 4. Februar 1945« dokumentiert.

136 V2: weltweit erste funktionsfähige Großrakete mit Flüssigkeitstriebwerk, ursprünglich als »Aggregat 4« (A4) bezeichnet. Der Name »Vergeltungswaffe 2« (V2) stammt von Joseph Goebbels. Sie wurde ab 1939 in Peenemünde auf Usedom unter der Leitung von Wernher von Braun entwickelt und kam ab 8. September 1944 in großer Zahl bei Angriffen auf London, Antwerpen und Paris zum Einsatz und versetzte dort die Zivilbevölkerung in Angst und Schrecken. 3200 Raketen wurden bis zum Kriegsende abgefeuert. Wegen ihrer Zielungenauigkeit und der Unmöglichkeit einer Vorwarnung galt die V2 als Terrorwaffe. Durch ihren Einsatz kamen etwa 8.000 Menschen ums Leben. Bei der Raketen-Produktion im KZ Mittelbau-Dora starben ca. 20.000 Zwangsarbeiter. Sie ist damit die einzige Waffe, deren Herstellung mehr Opfer forderte als ihr Einsatz.

Zwangsarbeit »unter Tage« im Raketenwerk Mittelbau-Dora bei Nordhausen (Harz) (Foto: Gedenkstätte Mittelbau-Dora)

Braun, Raketenexperte, Konstrukteur der V2 und Projektleiter der Fernwaffenproduktion gehört zum Sonderstab Kammler[137], und er ist für den Raubbau unter grausamsten Bedingungen

137 Kammler: Dr. Ing. Hans Friedrich Karl Franz Kammler (geb. 26.8.1901 in Stettin), deutscher Architekt. Seit 1940 zunächst als Standartenführer (im Rang eines Oberst), später SS-Obergruppenführer (höchster Generalsrang) Leiter von Bau- und Rüstungsprojekten im Dritten Reich. Er plante und überwachte den Bau aller KZ-Projekte, einschließlich der Gaskammern und Krematorien. Seit August 1943 verantwortlich für die unterirdische Geheimwaffenproduktion und ab August 1944 als Chef der 11 000 Mann starken SS-Division z.V (zur Vergeltung) für den Einsatz der V2-Waffen zuständig. Nach offiziellen Angaben starb er am 9. Mai 1945 durch Selbsttötung mit Zyankali, sein Ordonnanzoffizier und sein Fahrer wollen ihn in einem Wald südlich von Prag tot aufgefunden haben. Andere Berichte deuten darauf hin, dass ihn ein US-Geheimdienst in die Vereinigten Staaten gebracht habe.

mitverantwortlich. Bei Besuchen im KZ Buchenwald mustert er persönlich Häftlinge für Zwangsarbeiten im Mittelwerk. Nach der Bombardierung von Peenemünde und der Verlagerung des Fernwaffenprojekts kommt er immer wieder in die Raketenfabrik im Harz und drängt stets zur Steigerung der Stückzahlen bei effizienteren Voraussetzungen. Dabei erscheint er mehrfach in der Uniform eines SS-Sturmbannführers.

In Mittelbau Dora und seinen Nebenlagern leben Häftlinge aus allen Teilen Europas. Jeweils ein Drittel kommt aus der Sowjetunion und Polen, 15 Prozent der Gefangenen stammen aus Frankreich, nur jeder 15. ist arischer Reichsdeutscher. Sie belegen Platz eins der strengen Lagerhierarchie, gefolgt von den Nord- und Westeuropäern. Russen, Sinti, Roma und Juden stehen auf der untersten Stufe der menschenverachtenden Rassentheorie. So entsteht bei allen Verständigungsproblemen auch noch Rivalität, Misstrauen und sogar Rassismus unter den Geknechteten. Ein Zustand, der das Herrschaftsprinzip der Unterdrücker auf perfide Weise fördert.

Bernhard Strauß kommt zunächst nach Nordhausen ins KZ-Außenlager Boelcke-Kaserne, aus unerfindlichen Gründen wird er dann als »ungarischer Jude«[138] mit der Häftlingsnummer 107 636 dem »Kommando Ellrich« im gleichnamigen Außenlager Juliushütte[139] zugeteilt. Auch dort ist er, wie die meisten der etwa 8000 Schicksalsgenossen, bis zum 5. April 1945 als Zwangsarbeiter im Stollenausbau und bei der Waffenproduktion eingesetzt, die Hälfte von ihnen wird danach tot sein. Mit Strauß haben der 18-jährige Hans Frankenthal und Heinz Galinski (32) den Todesmarsch aus Auschwitz-Monowitz über-

---

138 ITS, Arolsen Archives: Copy of 1.1.27.2/2730415, individuelle Unterlagen KZ Mittelbau-Dora. Der Eintrag auf einer Kontrollkarte betr. Postverkehr von B. Strauß ist mit dem Vermerk UJ (ungarischer Jude) gekennzeichnet, dies dürfte aber ein Buchhaltungsfehler sein.

139 Ellrich-Juliushütte, das Gelände einer ehemalige Gipsfabrik.

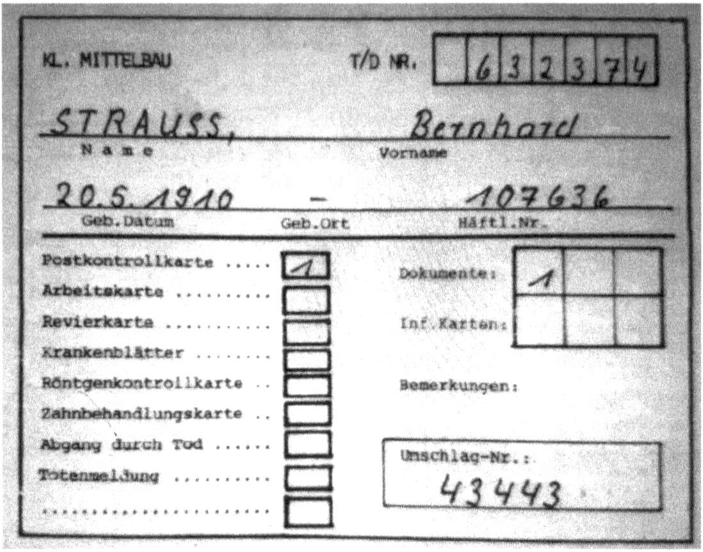

KL. MITTELBAU T/D NR. 6 3 2 3 7 4

STRAUSS, Bernhard
Name Vorname

20.5.1910 – 107636
Geb.Datum Geb.Ort Häftl.Nr.

Postkontrollkarte 1
Arbeitskarte ....
Revierkarte ....
Krankenblätter ....
Röntgenkontrollkarte ..
Zahnbehandlungskarte ..
Abgang durch Tod ......
Totenmeldung ....
....

Dokumente: 1
Inf.Karten:
Bemerkungen:
Umschlag-Nr.: 43443

Karteikarte des Häftlings Bernhard Strauß im KZ Mittelbau-Dora. (Quelle: Arolsen Archives)

lebt. Gemeinsam schuften sie nun in den geheimen Katakomben bei Nordhausen.

Auch Frankenthal entstammt einer jüdischen Metzgerfamilie. Er wird später in seine westfälische Heimatstadt Schmallenberg zurückkehren und während der 1990er Jahre mit spektakulären Aktionen vom Rechtsnachfolger der IG-Farben AG Entschädigung für die ehemaligen Sklaven von Auschwitz einfordern. Galinski wird sich wieder in Berlin niederlassen und später als Präsident des Zentralrats der Juden die Interessen seiner Glaubensgemeinschaft vertreten. Mit ihnen überstehen nur wenige die kräftezehrende Arbeit im Labyrinth von Mittelbau Dora. Unter permanentem Druck der Aufseher sterben die meisten an Entkräftung, durch Tuberkulose, Lungenentzündung, Diarrhöe oder durch eine der vielen Hinrichtungen. Erwin Busta, ein unberechenbarer Schläger, auch »Stollenschreck«

genannt, ist einer der schlimmsten Aufseher in der düsteren Bergwelt, dort wird er als mehrfacher Mörder bekannt. Strauß hat den SS-Hauptscharführer aus Österreich und seine Brutalität schon in Sachsenhausen kennengelernt, seine KZ-Karriere begann bereits 1934.

Mindestens zwölf Stunden täglich sind die Gefangenen bei 8 Grad Durchschnittstemperatur und durchgehendem Schichtbetrieb vorwiegend für den weiteren Ausbau der acht Kilometer entfernten unterirdischen Baustellen Himmelsberg und Kohnstein im Einsatz. Und das bei stundenlangen An- und Abmarschzeiten früh morgens und spät abends. Mit Spitzhacken und Schaufeln werden in der »Raketenhölle« ständig neue Stollen vorangetrieben, Häftlinge schieben oder ziehen die mit tonnenschwerem Felsgestein beladenen Kipploren bis zur Erschöpfung zu den weit entfernten Entladestellen. Oft müssen sie mehrere Tage im Berg verbringen, bis zu 1000 Gefangene drängen sich während der knappen Ruhezeit in den überfüllten Liegeplätzen der feuchten Schlafstollen. Auf den kalten Betonböden der verlausten Baracken im Lager Ellrich haben sie es wegen dem Mangel an Holzpritschen und fehlenden Strohsäcken nicht bequemer.

Nur alle drei bis fünf Wochen gibt es einen freien Tag, das Tageslicht sehen die Eingeschlossenen selten. Im Berg herrschen katastrophale Zustände, dichte Staubschleier und Giftdämpfe erschweren das Atmen. Und der Lärm der Presslufthämmer, vermischt mit dem Dröhnen und Rattern der Fertigungsmaschinen ist unerträglich. Überall fehlt es an den notwendigsten hygienischen Voraussetzungen, manche waschen sich mangels Wasser mit ihrem eigenen Urin den dichten Gesteinsstaub aus dem Gesicht. *»In den Stollen hielt man uns schlechter als Vieh«*, erinnert sich später der Überlebende Sergej Wladimirowitsch.[140]

---

140 Jens-Christian Wagner: »Produktion des Todes. Das KZ Mittelbau-Dora«, Wallstein Verlag, ISBN 978-3- 8353-1507-5.

Zwischen Januar 1945 und April 1945 sterben im Lager Mittelbau-Dora und in den Fabrikanlagen unter Tage mehr als 6000 Menschen. Seit Bestehen des Konzentrationslagers Mittelbau-Dora und ihren Betriebsstätten (1943) kommt dort jeder Dritte der 60 000 Zwangsarbeiter ums Leben. »Verschrottung durch Arbeit« heißt es im zynischen Jargon der SS. Heinrich Himmler, ihr ranghöchster Vorgesetzter, phantasiert bereits 1943 von einem neuen »Typus Höhlenmenschen«, der sich an die Lebensbedingungen im Berg anpassen solle.[141]

Tausende sterben in der düsteren Todesfabrik, Hunderte werden dort für kleinste Auffälligkeiten umgebracht. Zwischen den meterhohen Raketenteilen in den unterirdischen Montagehallen finden mehrfach Massenhinrichtungen vor der angetretenen Belegschaft statt. Sogar ein letztes Wort wird ihnen verwehrt, vor der Vollstreckung werden sie mit Holzstücken geknebelt. Auch Bernhard Strauß wird Zeuge dieser Exekutionen. Mit Stricken um den Hals werden bis zu 30 an Holzbalken gefesselte Opfer gleichzeitig durch einen Montagekran in die Höhe gezogen, bis sie durch Strangulierung langsam ersticken. Ihre Leichen bleiben zur Abschreckung am Galgen. Häftlinge, die bei diesen Grausamkeiten wegschauen, werden vom Wachpersonal verprügelt.

Es sind dieselben Schlägertypen, die schon in Auschwitz für Schrecken gesorgt haben. Mit etwa 1000 SS-Leuten sind sie am 1. Februar 1945 in den Harz gekommen, um unter dem Kommando des bisherigen Auschwitzer Kommandanten Richard Baer[142] und seines Lagerführers Franz Hößler die Schaltstellen der Macht in Mittelbau Dora zu übernehmen. Ihr Plan, alle Häftlinge zu töten, kann nicht mehr realisiert werden, die Geheim-

141 Schreiben von Heinrich Himmler an SS-Obergruppenführer Oswald Pohl v. 17.12.43, BA Berlin, NS 19/317, Blatt 3.

142 Richard Baer tauchte nach 1945 mit dem falschen Namen Karl Neumann als Waldarbeiter im Sachsenwald östlich von Hamburg unter. Er wurde 1960 im Verlauf der Ermittlungen zum Frankfurter Auschwitz-Prozess verhaftet und starb im Juni 1963 in Untersuchungshaft.

haltung der Wunderwaffenproduktion misslingt. Durch den Einsatz der V2 sterben in Westeuropa 8000 Menschen, aber sie bleibt die einzige Waffe des 2. Weltkriegs, deren Herstellung mehr Opfer fordert als ihr Einsatz.

April 1945, amerikanische Truppen haben das Rheinland erobert, sie bewegen sich im schnellen Vormarsch Richtung Thüringen und Sachsen. Auch Mittelbau-Dora muss nun überstürzt geräumt werden. Nach den vorliegenden Daten und Ereignisberichten verlässt Strauß am 4. oder 5. April 1945 mit einem Bahntransport das Lager Ellrich. Auf dem Schienenweg sollen die Gefangenen in den Norden des Reichs gebracht werden. Bis zu 150 Häftlinge drängen sich in jedem der 50 Viehwaggons, Dutzende ersticken in der quälenden Enge. Die Fahrt wird immer wieder durch Fliegeralarm unterbrochen, nach einem Luftangriff bei Osterode (Harz) müssen alle den Zug verlassen. Wird er dann auf einem weiteren von der SS begleiteten »Todesmarsch« ins ca. 200 Kilometer entfernte Lager Bergen-Belsen geschickt oder kommt er nach einer strapaziösen Fahrt auf dem Schienenweg dort an? Nur so viel ist dazu bekannt: Einer der letzten Bahntransporte mit KZ-Häftlingen der zu Mittelbau-Dora gehörenden Außenlager Harzungen und Woffleben erreicht am 11. April 1945 Bergen-Belsen. Bernhard Strauß dagegen erklärt am 6. Februar 1961 in einer Zeugenvernehmung, dass er mit einem Bahntransport in Celle angekommen sei und von dort nach einem Gewaltmarsch das 35 Kilometer entfernte Lager Bergen-Belsen erreicht habe.[143]

143 HHStAW (arcinsys): Vernehmungen zum Auschwitz-Prozess, Verfahren gegen Mulka, Robert u. andere, Signatur 461 / 37638, 45 Blatt 7850: *Von Celle aus mussten wir dann in das Konzentrationslager Bergen-Belsen marschieren.*

Bergen-Belsen

11. April 1945: Wer den Transport überlebt hat, wird unter Schreien und Schlägen aus den Waggons getrieben. Das Elend aus Mittelbau-Dora begegnet dem Grauen von Bergen-Belsen. In dem KZ bei Celle herrschen apokalyptische Zustände, Leichen säumen die Straßen, Menschen sterben am Wegrand. Der Hauch des Todes liegt über dem abgeschiedenen Lager. Hunger und Seuchen (Ruhr, Fleckfieber, Tuberkulose) und eine nicht mehr einzudämmende Läuseplage grassieren, bestialischer Gestank verwesenden Fleisches liegt in der Luft. Es ist eine gespenstische Szenerie, nur die Schreie der Bewacher übertönen das Stöhnen der Dahinsiechenden. Allein im März 1945 sterben dort 18 168 Menschen. Für Strauß folgen sechs lange Tage in dieser hoffnungslosen Todeszone, in der sogar das Näherrücken der britischen Front vielen Überlebenden nur noch wenig Trost spendet.

Das 63. britische Panzerabwehrregiment unter dem Kommando von Oberst Taylor erreicht am 15. April 1945 gegen 15 Uhr das Konzentrationslager in der Südheide. Ein lokales Waffenstillstandsabkommen ist vorausgegangen, es wurde in der Nacht zum 13. April 1945 mit SS-Reichsführer Heinrich Himmler vereinbart, ein einmaliger Vorgang im Verlauf des Zweiten Weltkriegs. 48 Quadratkilometer rund um das KZ werden neutralisiert, vereinbarungsgemäß zieht die SS drei Viertel ihres Wachpersonals ab. Nur etwa 50 SS-Mitarbeiter der Verwaltung und 30 Aufseherinnen bleiben zurück, darunter der 45-jährige äußerst brutale Lagerkommandant Josef Kramer. Er war am 2. Dezember 1944 als SS-Hauptsturmführer und neuer Lagerleiter aus Auschwitz-Birkenau in das Heide-KZ kommandiert worden. Infanteriesoldaten der Wehrmacht und ein ungarisches Regiment ersetzen – mit weißen Armbinden versehen – die SS-Wachmannschaften. Laut dem Abkommen sollen diese Soldaten nach der Übergabe frei zu den deutschen Linien abziehen.

KZ Bergen-Belsen am Tag der Befreiung (15.04.1945)
(Foto: Gedenkstätte Bergen-Belsen)

Aus Furcht vor Aufständen und Vergeltungsaktionen der Häftlinge will Josef Kramer britischen Armeeangehörigen den Zutritt zum Lager verweigern. Sie fahren dennoch durchs Tor und informieren die Gefangenen mit Lautsprecheransagen über ihre Ankunft und dass sie nun befreit seien. Kein Aufschrei der Freude, zum Jubeln sind die Häftlinge zu schwach. Im Verlauf der dann folgenden Stunden wollen vom Hunger Getriebene die Küchenbaracke und einen Kartoffelkeller stürmen. Ein letzter Versuch des verbliebenen SS-Personals, auf sie zu schießen, scheitert am Eingreifen der Briten. Dabei richtet einer ihrer Offiziere seine Waffe auf Josef Kramer und zwingt ihn, einen verletzten Häftling ins Lazarett zu tragen.

28 000 Frauen, 11 000 Männer und 500 Kinder vegetieren in diesem Elend dahin, vom 15. April bis zum 15. Juni 1945 werden noch 14 000 von ihnen an den Folgen von Unterernährung oder Typhus sterben und in Massengräbern beigesetzt. Zwei Tage dauert es, bis die Befreier in diesem barbarischen Chaos

KZ Bergen-Belsen nach der Befreiung im April 1945.
(Foto: Gedenkstätte Bergen-Belsen)

eine erste Übersicht haben. Sanitätseinheiten versuchen, die Sterbenden zu retten und trotz akuter Seuchengefahr die größten Probleme zu lösen.

Am 17. April wird der Tyrann von Bergen-Belsen mit seinem verbliebenen Personal endgültig verhaftet und in Fußfesseln, nur auf Socken gehend, abgeführt. Ab 17. September steht Josef Kramer vor dem britischen Militärgericht in Lüneburg, genau zwei Monate später (17. November 1945) folgt das Urteil: »*Tod durch den Strang*«, am 13. Dezember 1945 wird er im Zuchthaus von Hameln hingerichtet. Zwölf Tage nach Kramers Verhaftung endet auch das absurde Drama im Berliner Führerbunker, die Sowjettruppen stehen 100 Meter vor der Berliner Reichskanzlei, als Hitler sich am Nachmittag des 30. April das Leben nimmt. Die Nachricht vom Tod des verhassten Diktators verbreitet sich auch in den Lagern, aber dort wird sie von

KZ Bergen-Belsen 48 Stunden nach der Befreiung: Lagerkommandant Kramer wird in Fußfesseln abgeführt. (Foto: Gedenkstätte Bergen-Belsen)

den traumatisierten Überlebenden nur noch fassungslos und mit Apathie wahrgenommen.

Am 17. April 1945 wird Strauß im KZ Bergen-Belsen befreit und nach den Unterlagen der britischen Militärregierung am 5. Mai 1945 als *politischer Schutzhäftling* in seine Heimat nach Bad Ems entlassen. Er selbst berichtet in seinen mit Tonband aufgezeichneten Erinnerungen: *»Ich bin am 6. Mai um 6 Uhr früh aus dem Lager raus, daran erinnere ich mich, als sei es gestern gewesen.«*[144] Erst zwei Tage später ist der Krieg offiziell zu Ende, die deutsche Wehrmacht hat bedingungslos kapituliert, nun entscheiden die Alliierten über Deutschlands Schicksal. Die Zuordnung *»politischer Schutzhäftling«* entsteht oft im Chaos der Lagerauf-

---

144 Der Zeitunterschied ist vermutlich so zu erklären, dass Strauß bereits am 5. Mai 1945 die Entlassungspapiere der britischen Militärbehörde übergeben wurden, er aber erst am Morgen des folgenden Tages das Lager Bergen-Belsen verlassen hat.

lösungen in Auschwitz und kurz danach, so vermutlich auch bei Bernhard Strauß. Er ist wie alle jüdischen Häftlinge durch einen gelben Winkel auf seiner Kleidung gekennzeichnet, eine Markierung, die wegen zunehmender Mordaktionen der SS in den letzten Kriegstagen besonders lebensbedrohend sein kann. Während der letzten Transporte und Todesmärsche entfernen viele Juden den gelben Flicken und ersetzen ihn durch rote Winkel, die sie als »Politische« kennzeichnen und damit ihre Lebenschancen erhöhen.

Nach der Entlassung aus dem Lager Bergen-Belsen beginnt eine lange Odyssee in die Freiheit: In Bad Ems kommt Bernhard Strauß erst drei Monate später an, dort wird er am 14.7.1945 als »zugezogen« registriert.[145] Eine undatierte Liste deutet darauf hin, dass er sich kurz nach der Haft in Hannover aufgehalten hat.[146] Im Tonbandgespräch berichtet Strauß, dass er mit einem Leidensgefährten zunächst in dessen Heimat bei Hamburg gezogen sei. Mit einschneidenden Erinnerungen. Strauß: *Als ich nach Ems kam, da hätte ich mir eine Eisenstange nehmen können und wäre ins Rathaus … Das habe ich nämlich unterwegs erlebt, mit einem Kollegen von mir. Der hat es so gemacht, wie er nach Hause kam.* Schon im Lager habe der Mitgefangene zu ihm gesagt, wenn er das alles überlebe, dann wolle er sich an den Tätern im Rathaus seines Heimatortes rächen. Seine junge Frau sei in einem Lager von Hunden der SS zerfetzt worden. Strauß berichtet, er habe den Mann nach Norddeutschland begleitet, und er sei mit ihm auch noch zum Rathaus seiner Heimatgemeinde gegangen. Wiederholt habe er versucht, ihn umzustimmen: *Karl mach das nicht, lass das sein.* Aber Karl sei dann mit einer Eisenstange in das Gebäude eingedrungen. Strauß: *Ich war bestimmt abgehär-*

145 Nach ITS-Akten am 5.5.1945 aus dem Lager Bergen-Belsen entlassen, nach Eintragungen im Melderegister Bad Ems dort erst am 14. Juli 1945 angekommen.

146 Arolsen Archives: Verzeichnis der ehem. KZ-Häftlinge, die z. Zeit in Hannover ansässig sind (IST, Copy of 3.1.1.3/78795205).

tet, aber was ich dann gesehen habe …, da habe ich mich sofort von ihm getrennt. Da habe ich gedacht: nein, das machst du nicht. Dann ergänzt er verbittert: *Und ich komme nach Bad Ems zurück, und tatsächlich waren alle noch da, die mich damals so übel behandelt haben. Da habe ich mir trotzdem gesagt, man soll Gleiches nicht mit Gleichem vergelten.*

Die größten Nazis von Bad Ems und Mitinitiatoren seiner Verhaftung sind untergetaucht, sie ahnen, was ihnen nach Rückkehr der einst Verfolgten drohen wird: der Gestapo-Helfer und Kreispropagandaredner Theodor Schüßler flüchtet nach Oberhessen, Franz Linkenbach, führender SA-Mann der Stadt, verschwindet spurlos. Dr. Wolfgang Klaue, ein 1932 aus Berlin zur Gleichschaltung der Emser Ärzteschaft entsandter radikaler Ärztefunktionär entkommt nach Malente (Schleswig-Holstein), und Bürgermeister Hermann Messerschmidt setzt sich schon zwei Tage vor dem Einmarsch der Amerikaner in seine frühere Heimatgemeinde Ehringshausen ab. Die mittelhessische Kleinstadt wird ein Hort der Rechtsextremen bleiben, 2001 wählt jeder Vierte der etwa 9300 Einwohner die NPD. Es dauert noch Wochen bis Strauß in seine Heimat zurückkehrt, er will erst wieder zu Kräften kommen. Und die Haare müssen auch endlich wieder wachsen, zu einer Frisur, die nicht an seine bittere Vergangenheit erinnert. Zuhause soll ihn keiner als geschorenen Ex-Sträfling erleben, das lässt sein ungebrochener Stolz nicht zu. Er irrt wie viele Gestrandete durch Niedersachsen, bis ihn dort ein Bauer als Hilfskraft aufnimmt. »Der hat mich aufgepäppelt, berichtet er in seinen Erzählungen. Noch Jahre später fährt er mehrfach mit seinem Sohn Günter zu ihm, um zum Dank bei der Ernte zu helfen.

Zurück in der Heimat

14. Juli 1945: Alle Nazi-Symbole sind aus Bad Ems verschwunden, blau-weiß-rote Fahnen beherrschen das Straßenbild, seit einer Woche ist die Kurstadt Hauptquartier der französischen Besatzungsmacht. Sie hat die Stadt von der 106. amerikanischen Infanteriedivision übernommen.[147] Und an diesem 14. Juli erleben die Soldaten aus Frankreich ihren ersten Nationalfeiertag nach vier Jahren deutscher Unterdrückung.

Am selben Tag kehrt Bernhard Strauß nach sieben Jahren hinter Stacheldraht in seine veränderte Heimat zurück. Er ist der Letzte von einst 133 jüdischen Mitbürgern und der einzige Überlebende von 55 in die Vernichtungslager verschleppten Bad Emser Israeliten.[148] Vor dem Elternhaus bricht er kraftlos zusammen, bleibt auf der gepflasterten Friedrichstraße sitzen und spricht mit herbeieilenden Nachbarn.[149] Nur wenige kommen zu Hilfe, reichen ihm Wasser und bringen ihn auf die Beine. Die meisten der Anwohner halten sich verschämt zurück, auch an diesem heißen Sommertag lauern sie, wie einst zur »Kristallnacht« hinter ihren Gardinen.

Bereits vor seiner Heimkehr soll Strauß erfahren haben, was mit seinen ermordeten Söhnen Willi und Horst geschehen ist. Eine seiner ersten Initiativen ist ihre würdige Beisetzung. Schon eine Woche nach der Rückkehr verlangt er von der Stadtver-

147 Vom 3. Mai 1945 bis 10. Juli 1945 ist Bad Ems das Hauptquartier der 106th US-Infantry Division. Aus der Kurstadt wurde die Verwaltung der fast eine Million Kriegsgefangenen in den Rheinwiesenlagern von Büderich bis Heilbronn organisiert. In Bad Emser Hotels waren zeitweise führende Generale der ehemaligen Wehrmacht inhaftiert.

148 Außer den jüdischen Bürgern wurden mindestens acht weitere Bad Emser in die nationalsozialistischen Konzentrationslager verschleppt, zwei von ihnen überlebten den Terror nicht.

149 Erinnerungen der Nachbarin Lis Ebinger (damals Spornhauer), die zu dieser Zeit 19 Jahre alt war.

Die heutige Grabstätte der in der Tötungsanstalt Hadamar ermordeten Söhne von Bernhard Strauß auf dem Friedhof in Bad Ems. (Foto: W. Dieterichs)

waltung Bad Ems die Umbettung der christlich getauften Kinder, die 1943 – trotz Kenntnis ihrer Religionszugehörigkeit – auf dem jüdischen Friedhof in Bad Ems beigesetzt werden mussten. Bereits am 31. August 1945 bekommen sie im allgemeinen Friedhofsteil ein neues Gemeinschaftsgrab, das bis heute besteht. Die Kosten der Maßnahme soll wieder die Familie tragen. Strauß weigert sich, und er erreicht zumindest in diesem Fall Wiedergutmachung, die Stadt fordert die 125 Mark vom Landkreis in Diez zurück.[150]

Bei allem Leid: Bernhard Strauß wird kein von pauschalem Hass und Rachegelüsten motivierter Mann, das beweisen viele Begebenheiten. Auch wenn er nach dem Erlebten in einigen Fäl-

150 SABE 144: Personalakte Strauß (Wiedergutmachung, Umbettung der Kinder)

len gegen besonders berüchtigte Personen intensiv übergriffig wird, denn die schlimmsten Täter während der NS-Zeit will er nicht schonen. Sogar dem Mitverantwortlichen für den gewaltsamen Tod seiner Kinder begegnet er mit Nachsicht. 1950 sucht und findet er gemeinsam mit seinem jüngsten Sohn Günter den Mann, der so viel Leid über seine Familie gebracht hat. Der ehemalige Bad Emser Ortsgruppenleiter Andreas Gilbert hat sich in einem Taunusdorf versteckt. Es wird ein Wiedersehen ohne Rache und Vergeltung, denn vor ihnen steht ein – so Günter Strauß – *»verwirrter alter Tattergreis, der sich an nichts erinnerte«.*[151]

Im Verhältnis zu seiner zeitweise von ihm geschiedenen Frau, zu ihrem neuen Mann und vor allem zu dem aus dieser Partnerschaft stammenden Kind Ernst zeigt er menschliche Größe. Nach einvernehmlicher Trennung und Annullierung der zweiten Ehe bleibt der Junge im gemeinsamen Haushalt und Bernhard Strauß behandelt ihn wie seinen leiblichen Sohn. Ernst wächst in diesem Glauben auf, erst mit 18 Jahren erfährt er, dass er Miethke heißt. Für den Stiefsohn wird diese Offenbarung zum lebenslangen Trauma, das ihn bei jedem Behördengang mit neuen Problemen um seine Identität begleitet. Strauß: *Ich wollte ihn ja adoptieren, aber der leibliche Vater war nicht zu ermitteln.*

Erst nach der Heimkehr von Strauß kommt Ernsts Vater Udo Miethke in Niederbreisig aus der Gefangenschaft zurück.[152] Zuhause in Bad Ems erfährt er, was geschehen ist. Zwischen ihm und dem ehemaligen KZ-Häftling kommt es zu heftigen Auseinandersetzungen, Strauß verlangt, dass alle amtlichen Vorgänge rückgängig gemacht werden und seine für ungültig erklärte Ehe weiterbestehen kann. Die Frau soll sich zwi-

151 Erinnerungen von Günter Strauß.

152 Das Datum zu Miethkes Heimkehr aus der Gefangenschaft ist unklar, nach Einträgen in der Meldekartei von Bad Ems wurde er am 11. Juli 1946 aus dem Lager Niederbreisig (Rheinwiesenlager) entlassen. Nach einem Vernehmungsprotokoll der örtlichen Polizei (SABE 3/338) ist er schon 1945 zurückgekommen.

schen beiden Männern entscheiden, für Miethke bricht eine Welt zusammen. Noch am selben Tag bezieht der Geschockte ein Zimmer bei seiner Schwiegermutter Berta Glasmann in der Wallgasse 11, ab Juli 1946 wohnt er in der Römerstraße 64.[153] Bis zur Klärung der tragischen Verhältnisse dauert es Monate, erst am 8. August 1947 wird die Ehe mit Emmi Strauß geschieden. Die Bitte der Mutter, den gemeinsamen Sohn zur Adoption freizugeben, wird ihr und Bernhard Strauß verwehrt. Udo Miethke verabschiedet sich verbittert mit der Bemerkung, die Existenz des Jungen werde sie immer an ihre geschiedene Ehe erinnern. Er lebt seit September 1946 in Wiesbaden, dort verliert sich seine Spur.

An die Rückkehr von Bernhard Strauß und an die erste Begegnung mit dem fremden Kind erinnert sich sein leiblicher Sohn Günter auch noch Jahrzehnte später: *Es war im Hochsommer und ich war zum Schwimmen. Ein Freund rief mir zu, dass ein Mann am Ufer auf mich warten würde. Ich schwamm ans Ufer und erkannte meinen Vater sofort. Als wir dann nach Hause kamen, lief der kleine Ernst meinem Vater entgegen, er streckte die Arme aus und rief ›Papa‹.* Da hat das Kind eines fremden Mannes das Herz von Bernhard Strauß gewonnen. Günter Strauß erinnert sich, dass sein Vater den kleinen Bruder ihm oft vorgezogen habe. Er war wahrscheinlich ein Ersatz für seine verlorenen Söhne, die nur wenige Jahre älter waren, als er in Zwangshaft verschleppt wurde.

Trotz allem haben die Brüder immer ein gutes Verhältnis, auch wenn der Kleine ein neues Fahrrad bekommt, während der Ältere sich mit einem gebrauchten zufriedengeben muss. Das sind aber auch erzieherische Maßnahmen, denn Günter ist als Rabauke bekannt, der seine Sachen nicht immer pfleglich behandelt. Zum Verdruss des Erziehers, der sehr großen Wert auf Ordnung legt. Erst im Rentenalter und lange nach dem Tod

---

153 SABE 3/338: Angaben im Anhörungsprotokoll von Udo Miethke und Meldekartei der Stadt Bad Ems.

des Vaters und seines Bruders werden bei Günter mit zunehmendem Alter deutliche Spuren der Eifersucht erkennbar, keiner seiner Angehörigen bekommt Erinnerungsstücke an die Familie, Familienfotos und Dokumente hält er verschlossen zurück.

Der neue Anfang in der Heimat ist für Bernhard Strauß belastend und mit bitteren Erfahrungen verbunden. Nicht an jeden, der ihm begegnet, hat er gute Erinnerungen. Schon gar nicht an den ehemaligen Polizeimeister Valentin Molitor, der ihn im August 1938 verhaftet hat, und an dessen Kollegen Johann Wimmers, der ihn und seine sechs Mitgefangenen einen Tag später zur Gestapo nach Frankfurt begleiten musste. Aber sein Vorteil in dieser von Entnazifizierung geprägten Zeit ist, dass er für die Besatzungsbehörden als ehemals Verfolgter zum unverdächtigen Hoffnungsträger einer neuen Zukunft wird. Die beiden Polizisten müssen ihre Uniform schon während der amerikanischen Besatzung ablegen, nie mehr dürfen sie im öffentlichen Dienst tätig sein. Nach dem Ende des Deutschen Reiches sorgen andere Gesichter für Ruhe und Ordnung, und manchmal auch für neue Unruhe. Die französische Militärregierung überträgt Strauß im Spätsommer 1945 die Funktion eines politischen Kommissars. Nach einer dann folgenden Anordnung ist er ab 1. Januar 1946 bis zum 1. Juni 1947 mit 312,26 Mark Monatsgehalt als Kriminalsekretär (Politischer Kommissar) der Bad Emser Polizei tätig.[154] Seinen Dienst macht er in Zivil, das Tragen einer Uniform verweigert der ehemalige KZ-Häftling nach den Erlebnissen während der NS-Herrschaft.

Zum Jahreswechsel 1946/47 beginnt ein wochenlanger Hungerwinter mit eisigen Rekordtemperaturen bis zu 20 Grad minus und akuten Versorgungsproblemen. Die Zuteilungen an Nahrung und Heizmaterial sind äußerst knapp, statt der doppelten Mindestration muss man mit 750 Kalorien auskommen. Das ist zum Leben zu wenig, zum Sterben zu viel. Bernhard Strauß

---

154 SABE 144: Personalakte Bernhard Strauß

Ehepaar Bernhard und Emilie (Emmi) Strauß mit Sohn Ernst und Schäferhündin »Asta« in den 50er Jahren. (Foto: privat)

empfindet diesen Zustand nach sieben Jahren hinter Stacheldraht hart, aber hinnehmbar. Da hat er größeres Leid überstanden als der Fabrikant Rolf Schulte-Stemmerk[155], den er zu dieser Zeit als Kriminalkommissar in der Mainzer Straße 5 aufsucht.

155 Rolf Schulte Stemmerk (* 20.6.1916 in Duisburg): Kaumannslehre in einer Möbelfabrik, seit 1939 Abteilungsleiter des familieneigenen Unternehmens für Isolierstoffe in Magdeburg. 1942 übernahm er die Firma »Emser Mineralwollwerk und Isolierfabrik« Linde & Dreißbach in Fachbach (Betriebsgelände Nieverner Hütte), die Fertigung wurde in den 50er Jahren eingestellt. Schulte-Stemmerk, der nach dem Krieg als Betreiber eines Rüstungsbetriebs von der französischen Besatzung verhaftet und gegen *20 000 oder 30 000 Reichsmark Kaution* (Zitat Stemmerk) freigelassen wurde. Das Geld wurde ihm drei Tage vor der Währungsreform von der Stadtverwaltung zurückgezahlt. Stemmerk wechselte während der frühen 60er Jahre in die Produktion von Gummierzeugnissen. Bis in die 90er Jahre war er Mitinhaber und geschäftsführender Gesellschafter der Norddeutschen Gummiwarenfabrik Rolf Schulte-Stemmerck GmbH & Co KG in Hannover.

Es geht um dessen Vergangenheit als belasteter Inhaber eines Rüstungsbetriebs in der Nachbargemeinde Fachbach (auch dort wurden Fremdarbeiter geschunden), die Klärung seiner Freistellung vom Wehrdienst und um die engen Kontakte zu den NSDAP-Spitzen der Region. Bei ihm daheim kommt es dann unter Drohungen und Repressalien auch noch zur Beschlagnahme von Hausrat. Der Betroffene beschwert sich in dieser Situation über die erschwerten Verhältnisse in der eiskalten Wohnung und den Mangel am Notwendigsten zum Überleben. Sein Jammern und das ständige Klagen der Mitmenschen kann und will Strauß nicht verstehen. Nun sollen die anderen auch mal erfahren, wie grausam das Leben sein kann. Für den seit der Lagerhaft immer noch Unterernährten ist es eine verdiente Zumutung nach den langen Jahren der barbarischen Unterdrückung.

In späteren Gesprächen mit dem Autor dieses Buches erinnert sich Schulte-Stemmerk an die strenge Besatzungszeit mit den vorgenannten Begegnungen, seine Wortwahl ist entlarvend: *Die Franzosen haben in allen Häusern die Bettwäsche requiriert.* »*Na ja, da war auch der Judd immer da*«, gemeint ist Strauß. Und nach Aufzählung weiterer Zumutungen meinte er: »*Das haben wir alles dem Judd zu verdanken*«. Aber dann ergänzt er versöhnlich: *Ich bin ja auch gut mit ihm ausgekommen. Alle zwei drei Monate kam er zu uns und fragte, wie es uns ging, manchmal hat er mal was mitgebracht.*[156]

Mit seiner neuen Aufgabe im Polizeidienst wird Strauß zu einem Problem, denn zur Wahrung der öffentlichen Ordnung ist er nachweisbar ungeeignet. Zu oft verliert er die Kontrolle, denn immer wieder holt ihn die von Verfolgung, Willkür und Gewalt geprägte Erinnerung ein – und die macht das Opfer zum Täter. Bereits 1947 wird er wegen mehrfacher Übergriffe und Überschreitung seiner Vollmachten entlassen. Beim Über-

---

156 Archiv Dieterichs: Tonbandaufzeichnung eines Gesprächs mit Rolf Schulte-Stemmerk am 11.8.1995.

prüfen einer Tanzveranstaltung in der Nachbargemeinde Fachbach ohrfeigt er eine junge Frau, die ihn einst verhöhnt hatte, und er geht in weiteren Fällen eigenmächtig und rüde gegen ehemalige Nazis vor.

Schon als er im Dienst der Franzosen steht, kommt es zu Gewalttaten. Während eines Verhörs am 18.12.1945 auf der Bad Emser Polizeiwache verprügelt Strauß gemeinsam mit dem illegal als politischer Kommissar tätigen Louis Mittelmann[157] den ehemaligen SS-Angehörigen Hans Weber, der 1938 an den Emser Pogromen besonders aktiv beteiligt gewesen sein soll. Gemeinsam legen sie den Festgenommen über einen Stuhl, verprügeln ihn mit einer Reitpeitsche und einem Holzknüppel, bis er ohnmächtig und mit schweren Rückenverletzungen zusammenbricht. Weber verklagt Strauß 1950 wegen schwerer Körperverletzung.[158] Dazu gibt es eine Abschrift des Landratsamtes Diez an das Regierungspräsidium in Montabaur (Bezirksbetreuungsstelle f. die Opfer des Faschismus I BKW): *Strauß ist am 1.6.1947 als Kriminalsekretär ausgeschieden, da es sich ergeben hatte, dass er für die Tätigkeit vollständig ungeeignet ist. Strauß ist von Beruf Metzger.*[159]

Nach seinem Scheitern als Ordnungshüter versucht der ehemalige KZ-Häftling ins normale Berufsleben zurückzufinden. Zunächst handelt er, geduldet aber ohne Gewerbeberechtigung, mit Tierhäuten und Lederwaren. Im September 1947 bekommt

---

157 Louis Mittelmann (auch Mitelman geschrieben) soll als ehemaliger KZ-Häftling mit Bernhard nach Bad Ems gekommen sein. Nach Anmerkungen gegenüber der Festgenommen Ingeborg Schwingler (später Eisenberg) habe er im Verlauf eines Verhörs erklärt, seine Frau und sein Kind seien während der NS-Herrschaft in einem Konzentrationslager ums Leben gekommen. Dies wiederholte die später in Südafrika lebende Zeugin in einer Korrespondenz mit dem Autor.

158 SABE 175: Schadenersatzforderungen des Hans Weber wegen Misshandlung bei seiner Verhaftung durch die Politische Polizei, inkl. Zeugenaussagen.

159 SABE 144: Personalakte Kriminalsekr. B. Strauß.

Inserat der Gemüse- und Obsthandlung Bernhard Strauß in den 50er Jahren.

er eine *Kleinhandelserlaubnis für Häute, Felle, Leder und Lederwaren.* Es ist ein mühsames und wenig ertragreiches Geschäft, das er im Februar 1948 einstellt. Mit einem offiziell genehmigten Obst- und Gemüsehandel im eigenen Laden an der Ecke Koblenzer Straße/Friedrichstraße beginnt für ihn die Normalität bei einem bescheidenen Einkommen.

Neben den beruflichen Anlaufproblemen fällt es Strauß schwer, nach all seinen Erlebnissen hinter Stacheldraht in der Zivilisation wieder Fuß zu fassen. Es ist ein Neuanfang unter besonderen Bedingungen. Die meisten der Nachbarn begegnen ihm, als sei er nur von einer langen Reise zurückgekehrt. Sie heucheln Anteilnahme und Sympathie. Von Reue und Einsicht, einem mörderischen System gefolgt zu sein, ist nichts erkennbar. Hin und wieder muss sich der Heimgekehrte auch noch unerträgliche Rechtfertigungen anhören. *Wir waren keine Nazis, was seit 1933 geschehen ist, das haben wir nicht gewollt.* So und ähnlich äußern sich viele seiner Mitbürger, die damals begeistert an den Fahnenappellen, Aufmärschen und anderen NS-Veranstaltungen teilgenommen haben. Mehrfach erinnert er sie an die Vergangenheit, sagt es in seiner direkten Art: *... und ihr habt alle »Heil« geschrien.* Die ausweichenden Antworten kennt er schon. Von den Gräueltaten und Konzentrationslagern habe man *überhaupt nichts gewusst,* schuldig seien andere, heißt es immer wieder.

»Fahnen heraus«, hieß es zu jedem nationalsozialistischen Feiertag und Spektakel. Und die wenigsten werden sich nach 1945 herausreden können, dass sie dabei nicht mitgemacht haben. Auf alten Fotos von Bad Ems sieht man die Stadt zu solchen Anlässen in vollem Hakenkreuzschmuck, an keinem Haus fehlen die Symbole der Unterdrückung. Es herrschte der gleichgeschaltete Zustand wie überall im Dritten Reich, nicht nur im Ortszentrum, auch in allen Seitenstraßen und in den entlegenen Gassen. Die besonders üppige Dekorierung vieler Heimstätten mit dem schwarz-weiß-roten Nazi-Tuch, mit Hakenkreuz-Fahnen und -Wimpeln lässt erahnen, wer wo besonders begeistert »Flagge gezeigt« und so seine Gesinnung dokumentiert hat.

Angst lähmt daher den Alltag der frühen Nachkriegszeit, denn nun beginnt die Zeit der Vergeltung. Es geschieht, was die Wehrmacht und sonstige Dienststellen des NS-Regimes mehr als vier Jahre lang in Paris, Brest, Dijon, Straßburg und an anderen Orten Frankreichs mit äußerster Härte praktizierten. Jetzt geht es umgekehrt, seit dem Sommer 1945 bis spät ins Jahr 1948 muss auch jeder Deutsche in der neuen französischen Zone mit plötzlicher Festnahme, Inhaftierung und Enteignung rechnen. Ob zu Recht oder Unrecht, das liegt in der Macht der Sieger.

Täglich werden neue Zuweisungsbefehle ausgestellt, ständig sind die Boten der Militärbehörden unterwegs, um Tatverdächtige zum Verhör abzuholen. Es folgen Ausweisungen und Beschlagnahmungen. Mit Vernehmungen und Fragebögen wird das Vorleben der Bürger durchleuchtet. Es geht aber auch um eventuelle Rückführungen der seit 1939 in der Kurstadt lebenden Zugereisten, wenn ihre frühere Bleibe nun zu einer anderen Besatzungszone gehört. Denunzierungen sind an der Tagesordnung, mal aus Rache für vergangene Schikanen, mal des eigenen Vorteils wegen.

Die von der französischen Besatzung eingesetzte deutsche Ortspolizei und die zuständigen Rathausbehörden sind für viele in Bedrängnis geratene Bürger oft die letzte Rettung. Auf gute Beziehungen kommt es in diesen unsicheren Zeiten besonders an. In ungezählten Fällen werden wider besseres Wissen sogenannte »Persilscheine« ausgestellt. Stapelweise verlassen solche Unbedenklichkeitserklärungen die Amtsstuben. Oft mit dem kryptischen Satz »in politischer Hinsicht nicht Nachteiliges bekannt«. Und vielfach beglaubigen sich ehemals braune Genossen gegenseitig dreist ihre Unschuld. So entkommen sogar einschlägig bekannte Kriegsverbrecher ihrer gerechten Strafe. Ob diese Gefälligkeiten immer mit Butter, Zigaretten, Bargeld oder anderen Gefälligkeiten vergolten werden, das lässt sich nur selten belegen. Aber ein Sack Kartoffeln oder ein heimlich vor der Haustür des »stillen Helfers« abgestellter Eimer mit Kohlen kann durchaus manches Problem lösen.

Die einst so aktive und viel beschworene Volksgemeinschaft hat sich seit dem 27. März 1945 auch unter den Bürgern von Bad Ems ins Nichts aufgelöst. Statt nationalsozialistisch gelenkter Eintracht herrscht untereinander oft tiefste Zwietracht, spätestens jetzt offenbaren sich menschliche Abgründe. Auch Nachbarn von Strauß denunzieren sich skrupellos, wenn es um persönliche Vorteile geht. So beklagt sich ein Anwohner aus der Friedrichstraße über das Verhalten der *Nazifamilie D.*, er hat Frau D. wegen angeblichem Kartoffeldiebstahl angezeigt. Deutlich hörbar habe sie auf der Straße zu ihrer Tochter gesagt »*Wir kommen vom Klauen, andere klauen Silber und Teppiche, ich klau etwas zum Essen*«. Und ihr Mann stehe den ganzen Tag an der Lahn und fische, anstatt einer Arbeit nachzugehen, heißt es später im Polizeiprotokoll.[160] Es sind menschliche Abgrün-

160 SABE 303: Polizeiprotokoll v. 1946.

de, die zu diesen und ähnlichen Handlungen führen. Auch jener mitteilungsfreudige Nachbar hat bis zum bitteren Ende bei jeder Begegnung den rechten Arm erhoben und lautstark mit »Heil Hitler« gegrüßt.

Bernhard Strauß trifft im Alltag immer wieder auf Menschen, die ihn einst verachteten, mit Spott und Hochmut begegneten und nun auf Nachsicht hoffen. Aber es gibt auch Mitbürger, die ihm stets wohlgesonnen waren, auch wenn sie nach 1933 ihre Sympathie aus Furcht vor möglichen Konsequenzen nicht offen zeigen wollten. Strauß: *Das geschah nur versteckt, die hatten Angst. Ich kann das auch gut verstehen.* Zu diesem dennoch freundschaftlich verbundenen Personenkreis gehört auch mancher aus dem Krieg zurückgekehrte Sportkamerad. Darum findet er auch schon im Frühjahr 1946 im neugegründeten VfL[161], Nachfolger seines früheren Fußballclubs »Preußen« und späteren »Sportverein 09«, schnell eine zweite Heimat. Nur wenige Mitbegründer wissen, dass ihr Mitstreiter schon vor 1933 dazugehört hat und auch während seiner Zeit hinter Stacheldraht Vereinsmitglied geblieben ist. War das gewollt, oder wurde er mit der amtlich verordneten »Gleichschaltung des Fußballsports« im Vereinsregister übersehen?

Auch die Teilnahme im VfL ist ein Neubeginn mit bitteren Erinnerungen, wenn er dort ehemals braune Parteigenossen und andere weniger sympathische Zeitgenossen von einst wiedersieht. Aber man arrangiert sich, und Strauß wird jenseits des Spielfeldes ein willkommener Helfer und Organisator. Er fährt Jugendliche mit seinem Kleintransporter zu den Auswärtsspielen und kümmert sich unter anderem um die Nachwuchsförderung. Zum Jubiläum »50 Jahre Fußball in Bad Ems« bekommt er im August 1959 für sein Engagement die silberne Ehrennadel. Wenige Jahre später wird er Ehrenmitglied seines Vereins.

---

161 Der VfL (Verein für Leibesübungen) Bad Ems wurde bereits im Dezember 1945 gegründet, die Fußballabteilung startete nach der Genehmigung durch die Besatzungsbehörde und einer darauffolgenden Vorstandssitzung im Mai 1946 mit dem Spielbetrieb.

Auch das ist für ihn eine kleine Bestätigung, dass er im neuen Leben doch noch halbwegs angekommen ist.

Vergessen oder verdrängen wird er die Lagerjahre nie, und es dauert lange bis er viele damit verbundene Gewohnheiten überwunden hat. Sein Rhythmus wird sich auch Jahrzehnte danach nicht mehr ändern. Er steht frühmorgens vor fünf Uhr auf, spätestens gegen zehn Uhr abends endet für ihn der Tag. Wie viele ehemalige KZ-Häftlinge leidet auch er an Schlafstörungen und Magenproblemen. An ein richtiges Bett mit bequemer Matratze kann er sich lange nicht gewöhnen, und es vergehen Monate, bis sich sein Körper einigermaßen den normalen Mahlzeiten wieder anpasst. Nachts quälen ihn Albträume mit schrecklichen Szenen hinter Stacheldraht, oft wacht er dabei schweißgebadet auf.

Aber es gibt auch Momente, in denen er aus dieser Zeit auf positive Erfahrungen zurückblickt. Als besonders verlässliche und gute KZ-Kameraden bleiben ihm der Wiener Heinrich Aigner und der Oberhausener Herbert Wilzig in Erinnerung, sie sind mit ihm aus Groß-Rosen nach Auschwitz und später ins Lager Mittelbau-Dora gekommen. Gemeinsam haben sie manche Schikane und Strapaze überstanden, sich gegenseitig geholfen. Was aus Aigner geworden ist, hat sein Leidensgefährte nicht mehr erfahren. Wilzig, der mit ihm auf der Todesliste von Groß-Rosen stand, überlebt die KZ-Jahre, Strauß wird den Fuhrunternehmer schon 1946 in seiner westfälischen Heimat besuchen, nach seinen Angaben bleiben sie noch lange in Kontakt.

Immer wieder wird Strauß gefragt, warum er nach seinen Erlebnissen überhaupt nach Bad Ems zurückgekommen sei. Er kennt nur eine Antwort: *Das war und ist doch meine Heimat, mein Zuhause, es ist das Einzige was mir geblieben ist*. Eine Entscheidung, die seine nach Übersee entkommenen Geschwister und Verwandten nie verstehen wollen. Seine Erinnerungen an die frühe NS-Zeit in der Lahngemeinde sind jedoch nicht verdrängt. *Ich kann verzeihen, aber vergessen kann ich nicht,* sagt er immer wieder, wenn über die Vergangenheit gesprochen wird.

Mit großem Interesse verfolgt der Heimgekehrte das politische Geschehen im geteilten Deutschland. Der SPD steht er besonders nahe, immer wieder besucht er ihre Veranstaltungen. Nur binden will er sich nicht. Die Aufmunterung, auf kommunaler Ebene aktiv mitzuwirken, lehnt er strikt ab. In den sozialdemokratischen Kreisen fühlt er sich gut aufgehoben, weil man sich schon sehr früh mit dem Zustand im neuen Deutschland kritisch auseinandersetzt. Die Veränderungen in Politik und Gesellschaft werden dort besonders aufmerksam beobachtet, denn seit Bestehen der Bundesrepublik sitzen Altnazis an den Schaltstellen der Macht. Sie dominieren in der Wirtschaft, in der Industrie, bei den neu entstehenden Geheimdiensten, aber vor allem in der Justiz und in den Regierungsämtern. Täter und Unterstützer von damals entscheiden sogar über die Wiedergutmachungsansprüche von NS Opfern. Mehr als 80 Prozent des Personals an den westdeutschen Gerichten sind bis in die 70er Jahre Mitglieder der NSDAP und ihrer Nebenorganisationen gewesen. »*Wohl keine Berufsgruppe ist aus der Nazi-Zeit mit derart gutem Gewissen hervorgegangen wie die Juristenschaft*«, schreibt der viele Jahre im Justizdienst tätige Professor Ingo Müller in seiner 1987 erscheinenden Dokumentation »Furchtbare Juristen«. Nach offiziellen Schätzungen tauchten seit April 1945 etwa 80 000 Deutsche mit falschem Namen unter. Für die meisten von ihnen wird erst 1954 das »Jahr der Befreiung«. Mit der Generalamnestie endet die strafrechtliche Verfolgung vieler NS-Täter im In- und Ausland. Auch an diesem zu ihren Gunsten geschickt formulierten »Straffreiheitsgesetz«[162] haben Altnazis mitgewirkt denn viele von ihnen sitzen schon wieder an den Schaltstellen der Macht. Federführend der Jurist und Bundestagsabgeordnete Dr. Ernst Achenbach (FDP)

---

162 Straffreiheitsgesetz v. 17.7.1954, am 18.7.1954 in Kraft getreten (Bundesgesetzblatt I, S. 203)

und sein ehemaliger Amtsgenosse, der berüchtigte SS-Obergruppenführer Werner Best. Beide waren nach der Besetzung Frankreichs mit leitenden Funktionen bei deutschen Dienststellen in Paris tätig und dort maßgeblich an Vergeltungsaktionen gegen Juden und an ihren Deportationen beteiligt.[163]

Auf vielen Ebenen im bundesdeutschen Alltag besteht ein dichtes braunes Netzwerk zu dem auch Dr. Hans Globke[164] gehört. Er ist einer der Wegbereiter des millionenfachen Judenmordes und unter anderem Mitbegründer der Nürnberger Rassegesetze (1935). 18 Jahre später ernennt ihn Konrad Adenauer zum Leiter des Bundeskanzleramtes und damit zu seinem engsten Vertrauten. Der erste Kanzler der Bundesrepublik lobt ihn bald als *»wichtigsten Mann an seiner Seite«*. Eine Schande für alle Verfolgten des Nazi-Regimes, die Adenauers Rechtfertigungen als besonders perfide empfinden. Seine umstrittene Personalpolitik kommentiert der Regierungschef am 2. April 1952 in einem Hintergrundgespräch vor 14 Chefredakteuren mit diesen Worten: *»Man schüttet kein dreckiges Wasser aus, wenn man kein reines hat.«* Während einer dann folgenden Personaldebatte am

---

163 Siehe auch Norbert Frei:«Vergangenheitspolitik« (ISBN 9783406413100), Verlag C.H. Beck, München 1996, Seiten 108 u. 106–111

164 Dr. Hans Josef Maria Globke (*10.9.1898 in Düsseldorf; † 13.2. 1973 in Bonn): Verwaltungsjurist im preußischen und im Reichsinnenministerium, Mitverfasser und Kommentator der Nürnberger Rassegesetze. Von ihm stammt auch das antisemitische Namensänderungsgesetz. Mit der Verordnung vom 17.8.1938 mussten Juden ihrem bisherigen Vornamen einen zweiten hinzufügen, »Sara« für Frauen »Israel« für Männer. Für die Kennzeichnungspflicht jüdischer Pässe mit einem großen »J« war Globke mitverantwortlich. Mit der systematischen Erfassung der jüdischen Bevölkerung schuf er die verwaltungstechnischen Voraussetzungen für den 1941 beginnenden Massenmord. Vor dem Obersten Gericht der DDR wird er am 23.7.1963 nach einem zwei Wochen dauernden Prozess unter anderem als Kommentator der Nürnberger Rassegesetze in Abwesenheit zu einer lebenslangen Zuchthausstrafe verurteilt.

19. Oktober 1953 wiederholt er diesen Satz leicht abgeändert.[165] Die Opposition reagiert mit heftigem Protest, unter Sozialdemokraten ist diese Nachkriegs-Karriere schon früh ein Diskussionsthema, doch der Großteil der westdeutschen Presse schweigt zum Fall Globke.

Besondere Empörung löst schon Jahre zuvor eine Wahlkampfrede des Bundestagsabgeordneten Wolfgang Hedler aus. Als Vertreter der Deutschen Partei (DP, ein Sammelbecken ehemaliger Nazis) sagt er am 26. November 1949 in der Gaststätte »Deutsches Haus« von Einfeld (heute Neumünster) vor 300 Zuhörern: »*Ob das Mittel, die Juden zu vergasen, das gegebene gewesen ist, darüber kann man streiten.*« Und mit zynischem Grinsen fügt er hinzu: »*Vielleicht hätte es andere Wege gegeben sich ihrer zu entledigen.*«[166] Aus dem Publikum kommt kein Widerspruch, stattdessen folgt höhnisches Gelächter. Während dieser Veranstaltung beschimpft Hedler Angehörige des deutschen Widerstandes als »Volksverräter« und leugnet die Kriegsschuld Deutschlands. Gegen den ehemaligen »Stahlhelm«-Mann und über das Kriegsende hinaus bekennenden Nazi folgt im Januar 1950 ein Strafprozess im Rathaus von Neumünster. Das Urteil der Richter (drei ehemalige Nationalsozialisten): Freispruch mangels Beweisen. In einem Berufungsverfahren vor dem Landgericht Kiel wird Hedler im Juli 1950 wegen »öffentlicher Beleidigung in Tateinheit mit öffentlicher Verunglimpfung des Andenkens Verstorbener und mit öffentlicher übler Nachrede« dann doch noch zu neun Monaten Haft verurteilt.

Immer wieder kommen Strauß Zweifel, ob er nach solchen Nachrichten und dem sich verändernden politischen Klima in Deutschland bleiben soll. Mit dem ständig aufkeimenden

165 Adenauer-Zitate: »*Man schüttet kein dreckiges Wasser weg, wenn man kein reines hat*« (am 2.4.1952 in einem Hintergrundgespräch vor 14 deutschen Chefredakteuren), »*Man schüttet kein schmutziges Wasser aus, ehe man reines hat*« (während einer Personaldebatte zum Fall Globke am 19.10.1953)

166 Landesarchiv Schleswig-Holstein (LAS): Abteilung 352/Kiel, Nr. 2162 (Mitschrift der Rede v. 26.11.1949 in der Gaststätte »Deutsches Haus«, Einfeld)

Gefühl, dass er in der Heimat auch nach 1945 noch nicht sicher ist. Mehrfach plant er in der für ihn spürbar unsicheren Zeit auszuwandern, 1951 eventuell zu seiner zwei Jahre jüngeren Schwester Margot in die USA[167] oder zu seinem Bruder Siegfried nach Argentinien. Auch 1953 äußert er diesen Wunsch, und teilt das so auch den französischen Besatzungsbehörden mit. Sie protokollieren das am 28. Oktober 1953 nach einer Anhörung mit diesen Worten: *Pour moment il vent rester en Allemagne, apres il veut emigré a l'Argentine.* (Zurzeit will er in Deutschland bleiben, danach möchte er mit seiner Familie nach Argentinien auswandern).[168]

Während der von den Nazis Verfolgte seit langem auf den endgültigen Abschluss seines Wiedergutmachungsverfahrens wartet, darf mancher aus seiner Heimatstadt stammende Täter auf frühe Gnade hoffen. Anton P. (Jahrgang 1910), einst Unterscharführer der SS und Angehöriger einer Wachkompanie im Sonderlager Hinzert bei Trier, ist dort als besonders brutaler Aufseher bekannt geworden. In einigen nachgewiesenen Fällen malträtiert er seine Opfer bis sie qualvoll sterben. Ehemalige Häftlinge beschreiben ihn als »*Hauptfolterknecht*« und als »*den Mörder im Lager*«.[169] Das französische Militärgericht »Tribunal Général« in Rastatt verurteilt ihn am 28. Oktober 1948 wegen Verbrechen gegen die Menschlichkeit zum Tode,[170] der Gang zu der bereits bestellten Guillotine bleibt ihm wie allen Todeskandidaten durch einen Gnadenakt der Franzosen erspart.

»*20 Jahre Zwangsarbeit*« muss P. auch nicht ableisten, nach sieben Jahren Zuchthaus wird er als gebrochener Mann vorzeitig entlassen. Der Ortsverein des Heimkehrerverbandes (VdH)

---

167 Arolsen Archives: Copy of 3.1.1.1/69323567, Fiche Individuelle

168 Arolsen Archives: Copy of 3.1.1.1/69323566, Bescheinigung der Stadt Bad Ems

169 »Tribunal Général«, Rastatt: Hinzert, Jugement, v. 28.10.1948

170 Urteil des »Tribunal Général« Rastatt, Hinzert Jugement, v. 28.10.1948

und auch die örtlichen Kirchenvertreter haben sich für ihn eingesetzt. Am 27. April 1955 kehrt er nach Bad Ems zurück. Ein Sanitätswagen bringt den Begnadigten in das mit Tannengirlanden geschmückte Diakonissen-Krankenhaus. Nachbarn und Freunde empfangen ihn dort mit Willkommensrufen und einem Fackelspalier. Die Lokalzeitung, die seine Rückkehr am 26. April mit einem dreispaltigen Artikel ankündigt,[171] meldet zwei Tage später: »Endlich wieder daheim!« Sie berichtet, dass *er so viel Schweres habe durchmachen müssen.*[172] Die Haftursache und das Schicksal der von ihm zu Tode gequälten KZ-Häftlinge werden nicht erwähnt.

»*Endlich wieder daheim*«, solch tröstende Worte wird Bernhard Strauß nach seiner sieben Jahre dauernden Leidenszeit niemals lesen oder hören. Wie viele seiner dem Tod entronnenen Leidensgenossen hat er oft das Gefühl, dass die Täter mehr Zuwendung erfahren als ihre Opfer. Nachrichten von großzügigen Versorgungsleistungen für hochrangige NS-Täter und ihre Hinterbliebenen bestätigen diese Vermutung. So bekommt die Frau des Holocaust-Organisators Reinhard Heydrich (eine glühende Antisemitin) bis zu ihrem Lebensende die üppige Pension einer Generalswitwe.

Ähnlich gut versorgt wird Marion Freisler, Witwe von Roland Freisler, dem höchsten Blutrichter im Dritten Reich. Und es gibt zahlreiche Beispiele, dass überführte Kriegsverbrecher großzügig bemessene »Opferrenten« beziehen. Im Februar 2019 erhalten noch 2033 Senioren weltweit die sogenannte »Hitler-Rente«.[173] Es sind vorwiegend ehemalige SS-Angehörige, die monatlich zwischen 425 und 1275 Euro überwiesen bekom-

---

171 SABE: Lahnzeitung v. 26.4.1955

172 SABE: Lahnzeitung v. 28.4.1955

173 »Hitler-Rente«: In weltweit 50 Staaten lebten 2019 noch Menschen, die nach dem Bundesversorgungsgesetz (BVG) unabhängig von ihrer Vergangenheit Anspruch auf monatliche Rente hatten. Dazu zählten auch Ausländer, die

men, darunter auch viele die am Holocaust beteiligt waren. Zahlreiche Leistungsempfänger leben in Argentinien, seit 1945 ein bevorzugter Rückzugsort ehemaliger Nazis. Auch ehemalige Kollaborateure des NS-Systems bekommen eine deutsche Rente, unter anderen 18 belgische Freiwillige der Waffen-SS.

Die Opfer der NS-Diktatur vermissen diese staatliche Fürsorge, Gänge zu den Behörden werden zu sich stets wiederholenden Demütigungen. Sie fühlen sich wie lästige Bittsteller, oft abhängig von den Launen überforderter Sachbearbeiter. Strauß bekommt als »Wiedergutmachung« und Haftentschädigung 6645,90 D-Mark,[174] nur 2,64 Mark für jeden der 2509 Tage hinter Stacheldraht. Das Geld wird sofort gepfändet, damit werden unter anderem Forderungen des Finanzamtes Diez, des Vermieters seines ehemaligen Elternhauses und angefallene Rechtsanwaltskosten erstattet.[175] Einen finanziellen Ausgleich für die jahrelange Zwangsarbeit lehnen die Rechtsnachfolger der am staatlich organisierten Sklavenhandel beteiligten Großkonzerne ab. So wird das Rechtsempfinden der tatsächlich Betroffenen vielfach auf die Probe gestellt. Auch Bernhard Strauß fühlt sich seit seiner Heimkehr oft betrogen und benachteiligt.

Neben den Entschädigungsforderungen als NS-Opfer kommt es dann auch noch zum Rechtsstreit um das verlorene Elternhaus. Seine Mutter hat es am 8. April 1939[176] mit dem zunehmenden Druck der politischen Verhältnisse weit unter Wert für 4700 Reichsmark an den Zimmermann und späteren Karosseriebauer Heinrich O. und seine Ehefrau Berta verkauft. Für die-

---

während der NS-Zeit als Kollaborateure in deutschen Diensten standen, unter anderem auch als Angehörige der Waffen-SS.

174 SABE3/1110: Schreiben des Landesamtes f. Wiedergutmachung vom 2.5.1952 und Schreiben des Amtsgerichts Bad Ems v. 7.10.1952.

175 SABE 3/1110: Schreiben des Amtsgerichts Bad Ems v. 18.11.1952.

176 Notartermin b. Dr. Bleutge am 8.4.1939, bestätigt in der Urkundenrolle 126/1939 u. im Grundbuch der Stadt Bad Ems, Band 10, Blatt 388.

ses Objekt[177] damals ein sehr günstiger Preis, der nur als Notverkauf zu erklären ist. Unter diesen Umständen müssen viele Juden ihre Häuser zu Schleuderpreisen abgeben. Berta O. ist eine gute Bekannte der Familie Strauß, und Netta Strauß soll sich gefreut haben, dass das Gebäude in ihren Besitz geht. Sie werde den Kauf nicht bereuen, so ist es aus der beglaubigten Abschrift eines Schreibens[178] zu entnehmen, das der Käufer nach der Rückforderung den Behörden zum Beweis vorlegt.

Der Erwerb von jüdischen Immobilien ist nach 1933 nur noch mit amtlicher Genehmigung möglich, Käufer müssen ihre Zuverlässigkeit nachweisen. Im benannten Fall bestätigt Bürgermeister Hermann Messerschmidt mit einem Schreiben an das Landratsamt Diez, dass er *gegen den Verkauf des Grundstücks der Jüdin Netta Strauß an Herrn Heinrich O. keine Bedenken* habe. Auch der stellvertretende Ortsgruppenleiter der NSDAP habe sich seiner Auffassung angeschlossen.[179] Der Verkauf in Bad Ems wird, wie dort in fast allen Fällen des Wechsels von jüdischem Grundbesitz durch den Bad Emser Notar Dr. Eduard Bleutge betreut. Das Haus ist seit dem 26.2.1940 je zur Hälfte auf den Namen der Eheleute O. im Grundbuch eingetragen.

Der Forderung auf Rückerstattung folgen erbitterte Auseinandersetzungen. Strauß verlangt 1945 die Beschlagnahme, sofortiges Wohnrecht und Mietzahlung für die von O. genutzte Wohnung. Wenige Tage nach seiner Rückkehr hat er nach einer Zwangsräumung das Haus mit seiner inzwischen von ihm geschiedenen Frau wieder bezogen.[180] Wegen seines eigen-

---

177 SABE: Dokumentation Dieter Weithoener, Daten und Angaben zu den Grundstücken in der Bad Emser Friedrichstraße.

178 SABE 936 u. 937: Maschinengeschriebene und am 10.1.1947 beglaubigte Abschrift eines Briefes der Hausbesitzerin Netta Strauß an den Vater von Berta O. Es ist die Antwort auf sein Schreiben v. 6.1.39.

179 SABE 936 u. 937: Schreiben von Bürgermeister Hermann Messerschmidt an den Landrat des Unterlahnkreises in Diez v. 21.4.1939.

180 Ende Juli 1945 gab Emilie Miethke (früher Strauß) ihre bisherige Wohnung in der Friedrichstraße 10 auf. Gemeinsam mit Bernhard Strauß bezog sie am

willigen Vorgehens wird er von der Stadtverwaltung gerügt, Bürgermeister Ludwig Hahn verweist auf den Rechtsweg. Mit Bezug auf vorhergehende Eigenmächtigkeiten und Übergriffe stellt er am 15.1.1947 in einem Brief an das Landratsamt Diez fest: *Wenn wir dieses System Strauß in Bad Ems aufkommen lassen würden, dann bekommen wir genau dieselben Zustände, wie wir sie z.Zt. des Naziregimes hatten. Herr Strauß hat weder das Recht, solange er im städtischen Angestelltenverhältnis steht, sich besondere Rechte anzumaßen, sondern hat sich genau den Anordnungen zu fügen, die auch für die Allgemeinheit gelten.*[181]

Hahn droht im Fall des noch für die städtische Polizei tätigen Strauß: *Ich werde solche Beamte und Angestellte, auch wenn sie politisch oder rassisch verfolgt waren, sofort fristlos entlassen.* Der Streit um die Friedrichstraße 13 endet zugunsten des Käufers. Die Übernahme der Immobilie sei rechtmäßig, heißt es im Beschluss. Der notariell beglaubigte Vertrag vom 8. April 1939 sowie Korrespondenzen zwischen Netta Strauß und der Familie der späteren Mitbesitzerin des Objekts belegen das. Strauß muss für seine Wohnung im ehemaligen Elternhaus nun Miete zahlen und dem neuen Besitzer die ihm zustehenden Nachforderungen erstatten. Das Geld bekommen die Eheleute O. vom Amtsgericht Bad Ems aus seiner gepfändeten Haftentschädigung. Diese Entscheidung wird vom selben Richter getroffen, der am 3. Dezember 1941 für Willi (damals 12) und Horst (damals 10) Strauß die Einweisung in ein Erziehungsheim beschlossen hatte – ein Amtsakt, der mit ihrer Ermordung in der Tötungsanstalt Hadamar endete.[182]

---

1. August 1945 sein inzwischen verkauftes Elternhaus (Friedrichstraße 13.), nachdem er den erzwungenen Auszug der neuen Eigentümer veranlasst hatte.

181 SABE 144: Personalakte Bernhard Strauß.

182 SABE 3/1110: Schreiben des Landesamtes für Wiedergutmachung (Mainz) v. 18.11.1952 und Mitteilung des Amtsgerichts Bad Ems v. 18.11.1952 betr. Verteilungsverfahren.

Bernhard Strauß mit Pflegesohn Ernst in den 50er Jahren als stolzer Besitzer eines Opel »Kapitän«. (Foto: privat)

Mit den 50er Jahren kehrt in Westdeutschland die lange erhoffte Normalität zurück. Die Abschaffung der Lebensmittelkarten, der wirtschaftliche Aufschwung mit deutlichen sozialen und wirtschaftlichen Veränderungen sind prägende Signale dieser Zeit. Auch in der Kurstadt an der Lahn herrscht sichtbarer Optimismus, die Zahl der Beschäftigungslosen sinkt zusehends, an Arbeitsplätzen mangelt es nicht mehr, vom boomenden Fremdenverkehr werden später noch Generationen träumen.

In den Küchen der Hotels und Gastronomie ist fast pausenlos Hochbetrieb. Davon profitiert auch der ehemalige Metzger und beruflich neuorientierte Kaufmann Strauß mit seinem Obst- und Gemüsehandel. Doch manchmal überschätzt er die finanziellen Möglichkeiten, denn neben dem Dreirad-Lieferwagen für den Warentransport besitzt er schon zu Beginn der 50er Jahre den neuesten Opel-Kapitän, und darum kommt es ständig zu finanziellen Engpässen. Seine Familie und Freunde kennen die Motive: *nach seiner langen Leidenszeit wollte er endlich wieder leben*. So und ähnlich äußert er sich dazu auch mehrfach im Kreis der Angehörigen.

Gleichzeitig sorgt Bernhard Strauß nach der im Januar 1942 erzwungenen Scheidung für geregelte familiäre Verhältnisse, am 8. November 1955 wird er vor dem Standesamt Bad Ems seine Jugendliebe Emilie Glasmann zum zweiten Mal heiraten. Schon lange tuscheln klatschsüchtige Nachbarn von »wilder Ehe«, obwohl sie die tragischen Umstände und ihre Vorgeschichte kennen. Zur Freude seiner Kinder holt der jetzt legitime Familienvater auch noch die Schäferhündin »Asta« ins Haus. Eine ungewöhnliche Entscheidung für einen ehemaligen KZ-Häftling, denn Schäferhunde waren gehasst im Lageralltag. SS-Wachen missbrauchten die Tiere als folgsame Machtsymbole, die man mühelos auf wehrlose Gefangene hetzen konnte. Strauß hat solche Szenen vielfach in den grausamsten Variationen erlebt.

Und dann geschieht 1954 auch noch das »Wunder von Bern«, Deutschland wird Weltmeister. Das erscheint sogar dem fußballbegeisterten Heimkehrer als hoffnungsvoller Neubeginn, in einem Land, in dem er lange verachtet, gedemütigt ausgegrenzt war. Der Glaube an seine Herkunft habe ihm die Kraft zum Überleben gegeben, soll er mal gesagt haben. Strauß, der früher kein eifrig bekennender Anhänger seiner Religion war und mit den Eltern nur an besonderen jüdischen Feiertagen die Synagoge besuchte, bleibt dem mosaischen Glauben treu. Vielleicht findet er aber auch erst durch seine Erlebnisse zu den Wurzeln der Herkunft zurück. Seit ihrem Wiederbestehen nach 1945 ist er Mitglied der »Jüdischen Kultusgemeinde Koblenz« und nimmt auch regelmäßig an ihren Veranstaltungen teil.[183] Mindestens einmal im Monat besucht er den jüdischen Bereich des Bad Emser Friedhofs, den Erhalt und die Pflege dieser Stätte mit 181 Gräbern hat er sich zur besonderen Aufgabe gemacht.

183 Arolsen Archives, ITS 3.2.1.1/79818301

Über einen Juden aus der Nachbarstadt Nassau, der nach 1945 in Bad Ems bestattet wurde, sagt er in dem Tonband-Interview: *Niemand sollte wissen, dass er ein Jude war. Ich habe mich gewundert, daß er überhaupt auf einem jüdischen Friedhof beerdigt werden wollte. Ich brauch mich doch meiner Religion nicht zu schämen. Ich habe das sogar im KZ gesagt, wenn ein SS-Mann vor mir gestanden hat, und hat gesagt »Sie sind doch kein Jude. Weshalb sind sie hier?« Weil ich Jude bin. »Sie sind kein Jude, waren Ihre Eltern Volljuden?« Ja, sagte ich. Das haben die mir alle nicht angesehen, dass ich Jude bin. Dann habe ich, man kann sagen, die Frechheit besessen und hab gesagt: ›Ich bin stolz ein Jude zu sein‹. Und dann haben sie mich halb totgeschlagen. Da haben Sie nur noch Blut gesehen, aber das war mir egal. Aber ich habe nie zu einem SS-Mann gesagt, ich wäre kein Jude. Ich bin Volljude und darauf bin ich stolz.*[184] Es ist nicht ungewöhnlich, dass das Lagerpersonal die Herkunft von Bernhard Strauß anzweifelt, denn an Statur und Aussehen übertrifft er sogar manchen SS-Mann. Immer wieder kommt es zu solchen Begegnungen. Irgendwann sei er wieder nach seiner Herkunft gefragt worden, dreimal habe er geantwortet, dass er Jude sei, erinnert sich Strauß in seinen Gesprächen mit der Schwiegertochter. Dann habe ihm der SS-Mann befohlen, sein eigenes Grab zu schaufeln. Danach sollte er sich in die Grube stellen und sei erneut befragt worden, wieder habe er gesagt, er sei ein Jude. Der SS-Mann habe fassungslos reagiert, und ihm befohlen, aus der Grube zu steigen. Das Wort »*Respekt*« sei gefallen, danach die Worte: *Gehen sie, ihnen wird nichts passieren.* Der nach dem ungewöhnlichen Vorgang Begnadigte kann diese langen Minuten nie vergessen.[185]

Strauß wird immer wieder mit seiner Zeit in den Lagern konfrontiert. Nach dem Krieg muss er mehrfach vor Gericht gegen NS-Täter aussagen, die ihm damals begegnet sind. Unter anderem zu den Prozessen gegen die Massenmörder Gustav Sorge

---

184 SABE: Auszug aus einem Tonband-Interview mit Dr. Hans-Jürgen Sarholz am 29. 8.1987.

185 Marlies Miethke: Erinnerungen an Gespräche mit dem Schwiegervater

(1911–1978) und Wilhelm Schubert (1917–2006), die als Aufseher in Sachsenhausen wüteten.[186]

Die Fünfziger Jahre sind eine schillernde Zeit, die im Rückblick auf die dunkle Vergangenheit manchen Schatten überdeckt, denn schon ein Jahrzehnt später offenbaren sich die Vorboten des nie überwundenen nationalistischen Gedankenguts. Mit dem Abflauen der Wirtschaftskonjunktur und dem zwar nur kurzen Aufstieg der 1964 gegründeten rechtsextremen NPD befürchten auch Deutschlands letzte Juden die Rückkehr der braunen Mächte. Vier Jahre nach ihrem Start sitzt die Partei der Ewiggestrigen bereits in sieben Länderparlamenten, mit 9,8 Prozent erringt sie in Baden-Württemberg ihr Spitzenergebnis und schon bald fordert sie, jede weitere Verfolgung von Nazi-Tätern einzustellen, und die Zentrale Ermittlungsstelle für NS-Verbrechen in Ludwigsburg soll nicht mehr finanziell gefördert werden.

Die Repräsentanten des braunen Terrors dürfen weitermachen: Schon in den frühen 60er Jahren treffen sich die Überlebenden der »SS-Leibstandarte Adolf Hitler« (LAH) mit ihrem Führer Josef (Sepp) Dietrich im Hinterzimmer der Bad Emser Gaststätte »Bremer Hof« (Bahnhofstraße) zum fröhlichen Wiedersehen. Ihr Gastgeber Vitus Bermel ist ein ehemaliger Nationalsozialist der Gründerzeit. Diese SS-Treffen werden dann jedes Jahr in größerem Rahmen im Bad Emser Kurhaus und später in der Nassauer Stadthalle fortgesetzt. Am Pfingstwochenende 1968 singen dort mehr als 2500 Veteranen das SS-Traditionslied: »*Wenn alle untreu werden, so bleiben wir doch treu …*« Zum Auftakt der Veranstaltung marschiert der Bad Emser Fanfarenzug »Rote Husaren« mit Marschmusik in den Saal. Ihr Auftritt wird im SS-Verbandsorgan »Der Freiwillige« lobend gewürdigt: »*Mit Trommeln und Trompeten wurde der Kamerad-*

---

186 Sorge und Schubert wurden am 6. Februar 1959 vor dem Landgericht Bonn zu jeweils einer lebenslangen Haftstrafe und zusätzlich fünfzehn Jahren Haft verurteilt.

schaftsabend von den Roten Husaren aus Bad Ems eröffnet. Diese prächtigen jungen Männer ernteten stürmischen Beifall«.[187]

Das sind Signale, die auch in der Familie Strauß zeitweise Unruhe auslösen, zumal es seit Beginn der sechziger Jahre auch in Bad Ems wieder rechte und auch rechtsextreme Strömungen gibt. Ein nationaldemokratischer Kreis um den Abbruchunternehmer Josef (Jupp) Neitzert und den Gastwirt Adolf Wibbels geht gemeinsam mit einem Bundeswehrfeldwebel aus der Taunusgemeinde Becheln auf Stimmenfang. Das Echo ist bereits groß, die Situation bedrohlich, als in den späten 60er Jahren der neue NPD-Chef Adolf von Thadden persönlich in den vollbesetzten Saalbau Heuser Flöck kommt und dort, nur dreihundert Meter vom Wohnhaus des letzten Bad Emser Juden entfernt, wie einst die NSDAP-Granden eine polemische Rede hält.[188] Bewacht vom parteieigenen Saalschutz, der jegliches Aufbegehren und die Proteste der Gegner unterbinden soll.

Der Saal ist bis auf den letzten Platz besetzt, Einheimische sind in überschaubarer Minderheit vertreten, darunter auch frühere SS-Angehörige und andere stadtbekannte »Ewiggestrige«. Die meisten Zuhörer kommen aus der Umgebung, die Nummernschilder ihrer Fahrzeuge verraten, dass sie im Westerwald, im Nachbarkreis Limburg und in der Mittelrhein-Region zuhause sind. Mit lautem Beifall und zustimmenden Kopfnicken outen sich auch die lokalen Anhänger der rechtsextremen Sammlungsbewegung, wenn der Redner radikale Veränderungen fordert. Unterbrochen von den Zwischenrufen der politischen Gegner, die vor allem mit jüngeren Teilnehmern überraschend stark vertreten sind. Sie werden mit drohenden Gesten vom Saalschutz beobachtet. Doch die Opposition lässt sich nicht einschüchtern, immer wieder kommt es zu heftigen verbalen Auseinandersetzungen. Der Rundfunkreporter vom britischen BBC hat mit seinem Stimmungsbericht aus Bad Ems

---

187 »Der Freiwillige«, Heft 7, Juli 1968

188 Archiv Dieterichs: Nach Zeitzeugenberichten, NPD-Unterlagen und persönlichen Erinnerungen des Autors.

die richtige Ortswahl getroffen, denn hier brodelt an diesem späten Vormittag der braune Sumpf.[189] So offenbart sich zwei Jahrzehnte nach dem Ende der Nazi-Diktatur die wiedererwachende rechte Gesinnung, wie überall in der jungen Bundesrepublik, auch im Alltag an der Lahn.

Wie soll der Überlebende des NS-Terrors den neuen Verhältnissen noch trauen können? Im Bad Emser Rathaus sitzen wieder viele seiner Gegner von damals, durch alle Parteien im Stadtrat zieht ein Hauch der Vergangenheit. Trotz Einspruch und Klage des Landrats Wilhelm Hartung und des Kreistags Unterlahn wird Dr. Waldemar Kühnel, ein ehemaliger Nationalsozialist aus Norddeutschland am 16. Dezember 1949 neuer Bürgermeister von Bad Ems.[190] Der frühere NSDAP-Kreisschulungsleiter und NS-Propagandaredner Christian Hoffarth, als »kleiner Goebbels« und Judenhasser bekannt geworden, kümmert sich nun als Stadtinspektor um die Kommunalkasse und als Personalratsvorsitzender um die Belange der Kollegen. Zur Entlassung in den Ruhestand titelt die Lahnzeitung am 4. Februar 1967 ohne weiteren Hinweis auf die Vorgeschichte des Beamten: *Ein halbes Jahrhundert seiner Heimatstadt treu gedient.*[191]

Was wird Strauß gedacht haben, als er diesen Satz gelesen hat? Aus derselben Zeitung hat er schon 1950 erfahren, dass auch der engagierte und besonders in eigener Sache so erfolgreiche

---

189 Archiv Dieterichs: Erinnerungen des Autors, der diese Veranstaltung als Zeitzeuge erlebt hat.

190 184 SABE 3/115: Landrat Hartung (Diez) und der Kreistag Unterlahn erhoben Einspruch gegen die Wahl von Dr. Waldemar Kühnel zum neuen Bürgermeister von Bad Ems. Begründung: als ehemaliger Angehöriger der NSDAP sei er untragbar, sein Entnazifizierungsbescheid belege, dass er den Nationalsozialismus unterstützt habe. Wörtlich: *Seine Persönlichkeit biete nicht die Gewähr für die Verwaltung des von ihm wahrzunehmenden Amtes im Sinne demokratischer Grundsätze.* Es folgte ein längerer Rechtsstreit, den die Stadt schließlich zu ihren Gunsten entscheiden konnte. Landrat Hartung vereidigte Dr. Kühnel am 16.12.1949 bei der Amtseinführung.

191 Lahnzeitung v. 4.2.1967, Bericht zur Verabschiedung von Stadtoberinspektor Hoffarth in den Ruhestand.

SPD-Lokalpolitiker Dr. Rudolf Doepner früher ein fanatischer Nazi war. Der aus Berlin zugezogene ehemalige SA-Gruppenarzt hat sich schon zu frühen Kampfzeiten in der Reichshauptstadt mit Sozialdemokraten und Kommunisten geprügelt, seine Schlägereien und Schießereien machen Schlagzeilen.[192] Der bereits erwähnte Dr. Wolfgang Klaue, ein Berliner Berufskollege, soll ihm nach 1945 Bad Ems für den Neubeginn empfohlen haben. Im Mai 1933 von der Partei zur Gleichschaltung der heimischen Ärzteschaft in die Kurstadt geschickt und wegen seiner rigiden Methoden gefürchtet, bezeichnet Klaue sich damals als *erster Bad Emser Nationalsozialist*. Mitbürger wie Bernhard Strauß sind seiner Feindschaft besonders ausgesetzt. Fünf Jahre nach seiner hastigen Flucht aus Bad Ems steht der Arzt wegen Verbrechen gegen die Menschlichkeit vor Gericht. Bei diesem Verfahren im November 1950 wird bekannt, dass er mehrere Bürger der Gestapo ausgeliefert hat. In zwei Fällen soll er dafür verantwortlich sein, dass die Festgenommenen im KZ enden.[193]

Ehemalige Nazis sitzen für die großen Volksparteien SPD und CDU schon seit Beginn der 50er Jahren im Stadtrat des Kurortes. Ratsmitglieder von damals, frühere NSDAP-Mitglieder und Angehörige der Waffen-SS vertreten später die »Freie Wähler Gruppe« (FWG). Im Rathaus an der Lahn ist es wie überall in der kleinen und großen westdeutschen Politik. Auch in Bad Ems tauchen die Täter von damals unter, andere verschwanden von dort aus Angst vor Rache und Strafverfolgung. Ehemalige NS-Funktionäre, die das Terror-Regime maßgeblich unterstützten, Gestapo-Schergen und ihre Zuträger, SS-Angehörige, die auf ihren Feldzügen oder in einem Konzentrationslager an

192 National Archives Washington (College Park): Bestände des Berlin Document Center (BDC), Zentrale Mitgliederpartei der NSDAP, Parteikorrespondenz, Personalunterlagen der SA-Angehörigen.

193 Landeshauptarchiv (LHA) Koblenz, Prozessakten zum Fall Klaue, Signatur 584.1, Akt. 1081–1082.

Gräueltaten beteiligt waren. Unter den »Gesuchten« sind aber auch mehrere Wehrmachtssoldaten, die sich schuldig gemacht haben. Die meisten Biografien scheinbar unbescholtener Mitbürger wurden nach 1945 »frisiert« oder gefälscht. Wie sich Jahrzehnte später bei Nachforschungen herausstellt, sind nur wenige Fragebögen wahrheitsgemäß ausgefüllt, meist wurde die Parteizugehörigkeit vertuscht und verschwiegen, der Lebenslauf und die tatsächliche Identität vielfach geschönt. Die von den Alliierten angeordnete Entnazifizierungsaktion wurde so zur politischen »Katzenwäsche«. Oft so dreist, dass nachweislich Täter während der Pogrome nun als Helfer der Juden auftreten und mit Wiedergutmachungsanträgen in die Opferrolle schlüpfen.[194]

Angeblich »nur zum Spaß« darf man im Alltag die alte Zeit in der noch jungen Demokratie ohne Tabu Revue passieren lassen: *Mehrere ehemalige Männer der Waffen-SS gehören zu einem Bad Emser Kegelclub, der sich regelmäßig in den »Rheinischen Stuben« an der Bahnhofsbrücke trifft. Zur allgemeinen Gaudi lässt der ehemalige Sturmbannführer Kurt R. mit seinem Ex-Kamerad Philip N. (einst SS-Funker) mehrfach die Jüngsten der Runde vor der Kegelbahn zum Appell antreten und alte Kampflieder singen, fast so stramm wie im Winter 1939/40 als Männer von Hitlers Leibstandarte im selben Lokal ähnlich fröhlich feierten.*[195]

Während ab 1963 in Frankfurt die ersten Auschwitz-Prozesse beginnen, kommen in Westdeutschland immer mehr ehemalige Nazis aus der Deckung. Sie drohen ohne Scheu vor Konsequenzen und schwafeln wieder im Ton der braunen Zeit. Wie der Schuhhändler Ludwig H. aus der nahen Bachstraße, dem Strauß oft, dann aber nur mit Unwillen begegnet. H. ist einer von mehreren ehemaligen SS-Männern, die in diesem Viertel

194 Archiv Dieterichs. Nachweise dazu findet man auch in den Akten des Stadtarchivs Bad Ems (SABE), unter anderem in Fragebögen und Wiedergutmachungsanträgen.

195 Archiv Dieterichs: Berichte von Beteiligten und Zeitzeugen.

zuhause sind. Ein verschrobener Nachbar, der oft die rechtsextreme »National Zeitung«[196] liest und zeitweise das Magazin »Der Freiwillige«[197] abonniert hat, ein rechtsorientiertes Mitteilungsblatt für ehemalige Angehörige der Waffen-SS. Im engsten Kreis der Familie schwärmt er immer wieder von den *»guten alten Zeiten«*. Seine Reden von *»Zucht und Ordnung«* stoßen beim eigenen Sohn zunehmend auf heftigen und lautstarken Widerstand. Die gravierenden Meinungsverschiedenheiten enden mit einem Zerwürfnis, an der die Familie zerbrechen wird.

»Es kommt auch wieder mal anders«, schwadronieren alte SA-Mann-Seilschaften«, nicht nur an den Bad Emser Stammtischen fällt der in diesen Zeiten oft zitierte Satz. Andere Zeitgenossen äußern hinter vorgehaltener Hand, aber manchmal auch offen ihre Zweifel am Leidensweg des letzten Juden der Stadt. Und das führt in manchen Situationen zu bösartigen Reden: *Wie Du aussiehst, kann es Dir ja nicht schlecht ergangen sein*, soll ein Anwohner aus der benachbarten Wallgasse zu dem Mann gesagt haben, der sieben Jahre hinter Stacheldraht verbringen musste. Wie der immer noch couragierte und kräftige Bernhard Strauß darauf reagiert, das ist nicht bekannt. Heimlichem Getuschel, abfälligen Bemerkungen und Beschimpfungen bleibt er bis zum Ende seines Lebens ausgesetzt. Sogar an seinem letzten Arbeitsplatz geht das Geraune weiter. Seit 1959 ist er als Angestellter im Statistischen Landesamt tätig, seinen Gemüseladen hat er wegen zunehmender Konkurrenz aufgegeben, 1966 darf er in Rente gehen, seitdem beschäftigt er sich besonders viel mit seinem kleinen Schrebergarten.

Mit großem Interesse verfolgt Strauß seit Dezember 1963 die Berichterstattung zum spektakulären Frankfurter Auschwitz-Prozess, bei dem auch er wiederholt mit Zeugenaussagen

196 National Zeitung: eine rechtsextrem tendierende Wochenzeitung des Münchner Verlegers Gerhard Frey.

197 »Der Freiwillige«: 36 Seiten starkes Mitteilungsblatt für ehemalige Angehörige der Waffen-SS, von 1956 bis 2014 Zentralorgan *der »Hilfsgemeinschaft auf Gegenseitigkeit der Soldaten der ehemaligen Waffen-SS«* (HIAG), erschienen im rechtsextremen Munin-Verlag.

zur Beweisführung beigetragen hat. Zur Prozesseröffnung am 20. Dezember sieht er abends im Fernsehen auch seinen Mithäftling Dr. Franz Siegbert Unikower wieder, er hat ihn in Auschwitz-Monowitz kennengelernt. Im Vorabendprogramm der »HR-Hessenschau« erklärt der Jurist, in eindringlichen Worten was er und die Überlebenden von diesem Prozess erwarten: *Es ist nicht das Gefühl der Rache, das uns bei Beginn dieses lange vorbereiteten Prozesses beherrscht. Es ist für uns eine – wenn auch tragische – Genugtuung, dass nach so vielen Jahren nun in genauester Weise darüber Beweis zu erheben ist, wer und in welchem Umfange sich an schweren Straftaten im Lager Auschwitz beteiligte.* Generalstaatsanwalt Fritz Bauer[198] hat sich auf dieses Verfahren gegen 22 Hauptverantwortliche der ehemaligen Lagermannschaft intensiv vorbereitet und durch diesen Prozess im Umgang mit der Vergangenheit ein deutliches Zeichen gesetzt. Trotz heftiger Anfeindungen, Intrigen, anonymer Morddrohungen und Behinderungstaktiken.

Nach dem Krieg wird Bernhard Strauß aufgrund seines Überlebens nach sieben Jahren Haft mehrfach die Frage gestellt, ob er im KZ besondere Funktionen hatte. In der frühen Besatzungszeit geschieht das sachlich durch die alliierten Militärdienststellen, bei deutschen Behörden erlebt er später oft Argwohn und Zweifel an seinen Angaben. Eine übergeordnete Stellung als Häftling wird ihm aber niemand nachweisen können, denn solche Belege gibt es nicht. Wenn er jemals als sogenannter Funktionshäftling, zum Beispiel als Kapo, tätig gewesen wäre, der akribisch arbeitende SS-Verwaltungsapparat hätte das in seinen Personalunterlagen und in den Häftlingslisten eindeutig dokumentiert. Wie das zum Beispiel im Fall des acht Jahre jüngeren Wiener Häftlings Ignatz Schlomowicz belegt ist. Er

198 Fritz Bauer (1903–1968): Mit seinem Namen und Wirken als Staatsanwalt in Hessen (1956–1968) verbinden sich Adolf Eichmanns Entführung nach Israel, die positive Neubewertung der Widerstandskämpfer des 20. Juli 1944 und besonders die Frankfurter Auschwitzprozesse.

kommt 1939, wenige Wochen nach Strauß, ins KZ Sachsenhausen, wird im Juli 1941 mit weiteren 500 Juden nach Groß-Rosen gebracht, und im September 1942 nach Auschwitz-Monowitz. Beide stehen auf derselben Transportliste, Schlomowicz mit der Häftlingsnummer 1187, Strauß mit der 1210.[199] Schlomowicz wird im Sommer 1944 von der Lagerleitung Monowitz als Funktionshäftling zum Kapo ernannt. Eine Tätigkeit, die er bis zum Kriegsende nach weiteren Deportierungen auch noch in Mauthausen, Bergen-Belsen und Hannover ausführt. Misshandlungen von Lagerkameraden können ihm trotz mehrfacher Anschuldigungen nicht nachgewiesen werden.[200]

Wie Strauß die sieben Jahre KZ und das Leben danach überstanden hat, das kann er sich nur mit seinem eisernen Willen und dem Durchhalten trotz Todesdrohungen, brutaler Behandlung und unmenschlichen Arbeitsbedingungen erklären. Sachbearbeitern auf den Amtsstuben, die es wegen seiner Wiedergutmachungsansprüche genauer wissen wollen, sagt er es deutlicher: *Ich habe überlebt, weil ich trotz höchster Anforderungen nie aufgegeben habe, ob zwölf Stunden auf einer Baustelle oder bis zur Erschöpfung im Steinbruch.*[201]

Was ihn nach der wiedergewonnenen Freiheit besonders belastet, das wollen bis in die 80er Jahre nur wenige zur Kenntnis nehmen. Er erlebt eine Zeit des Verschweigens und Verdrängens. *Es muss doch endlich mal Schluss sein,* heißt es immer wieder, wenn das Kapitel der »verschwundenen Juden« zur Sprache kommt. Fast alle Angehörigen von Bernhard Strauß

---

199 Arolsen Archives, ITS Digital-Archives, Copy of 1.1.11.1/135942, Liste: Juden-Transport vom KL Groß-Rosen nach Auschwitz (1151-D-PS)

200 Bergen-Belsen-Prozess des britischen Militärgerichts in Lüneburg November 1945: unter anderem Anklage gegen Ignatz Schlomowicz wegen Misshandlungen von Häftlingen, Freispruch am 17.11.1945.

201 Nach Erinnerungen von Bernhard Strauß und Gesprächen im engeren Bekanntenkreis.

wurden Opfer des nationalsozialistischen Rassenwahns. Die Spur seiner Mutter Netta (Jahrgang 1878) verliert sich nach 1941 im KZ Riga, seine Söhne Willi und Horst werden 1943 in der Tötungsanstalt Hadamar ermordet, Bernhards acht Jahre jüngerer Bruder Walter stirbt im Konzentrationslager Auschwitz eines gewaltsamen Todes, seine Schwester Karola (verheiratete Mironowitsch) wird gemeinsam mit ihrer Mutter in das KZ Riga verschleppt, danach ins Lager Stutthof und dort am 25.12.1944 umgebracht. Der fünf Jahre ältere Bruder Ludwig, seine Frau Berta und die siebenjährige Tochter Doris werden am 7. Dezember 1941 nach Riga deportiert, ihr Schicksal bleibt ungeklärt. Es sind nur acht von sechs Millionen jüdischen Opfern! Die überlebenden Geschwister können nicht verstehen, dass Bernhard Strauß nach diesen Verbrechen an den Ort ihrer Vertreibung zurückgekehrt ist. Es kommt zu heftigen Vorwürfen, sein nach Argentinien ausgewanderter Bruder Siegfried und seine in den USA lebende Schwester Margot wollen das nicht akzeptieren. Sie können ihm nicht verzeihen, dass er sich so entschieden hat. Nach langen Korrespondenzen, heftigen Vorwürfen und Streitereien bricht der Kontakt ab, sie werden sich nie wiedersehen. Wie seine Fachbacher Verwandten, die im Sommer 1994 aus den USA anreisen.

Am 21. Juli 1969 betritt der Amerikaner Neil Armstrong als erster Mensch den Mond, Millionen Fernsehzuschauer erleben gegen vier Uhr morgens (MEZ) live seine ersten Schritte ins Unbekannte. Ohne den deutschen »Rocket Man« Wernher von Braun wäre das Apollo11-Projekt nicht möglich gewesen. Es ist ein Ereignis, das Strauß und mehrere tausend Überlebende aus der Hölle von Mittelbau-Dora an die grausame Zeit ihrer KZ-Haft erinnert. In Zwölf-Stunden-Schichten mussten sie in dem kilometerlangen Höhlenlabyrinth unter erbärmlichsten Bedingungen schuften. Als Technischer Direktor war von Braun einer der Hauptverantwortlichen für die Zwangsarbeiten beim Bau der Raketenfabrik im südlichen Harzvorland bei Nordhausen. Hitlers bester Mann für Wunderwaffen kontrollierte in den Katakomben des Bergmassivs Kohnstein die unter dem Kürzel A4 (»Aggregat 4«) laufende V2-Produktion. Er wusste von den barbarischen Zuständen und hat sie selbst erlebt, bezeugen ehemalige Häftlinge, denen er in der unterirdischen Felsenanlage auch in SS-Uniform begegnet sein soll.

Seit Mai 1940 war von Braun Angehöriger der allgemeinen SS, zuletzt im Rang eines Sturmbannführers[202]. Sein Brief vom 15. August 1944 an Alban Sawatzki (für die Planung und Steuerung der V2-Fabrikation verantwortlich) belegt, dass er im KZ Buchenwald war und dort selbst Häftlinge für die Arbeit unter Tage aussuchte. Nachweislich besuchte er dabei mehrfach die Produktionsstätten bei Nordhausen. Selbst der Anblick von Toten habe ihn dort nicht gerührt, erinnert sich der Zeitzeuge Adam Kabala und berichtet: »*Auf einer kleinen Fläche neben der Ambulanzbude lagen tagtäglich haufenweise die Häftlinge, die das Arbeitsjoch und der Terror der rachsüchtigen Aufseher zu Tode gequält hatten. […] Aber Prof. Wernher von Braun ging daran vorbei, so nahe, dass er die Leichen fast berührte*«.[203] Bei seiner Anhörung während eines Gerichtsprozesses in Texas behauptet er am 14. Oktober 1947, von den Zuständen in Mittelbau-Dora nichts gewusst zu haben. Erst zwanzig Jahre später gab von Braun zu, er sei »*Hungergestalten*« in einem »*erbarmungswürdigen Zustand*« begegnet. In der unterirdischen Raketenfabrik sind mehr als 12 000 Zwangsarbeiter ums Leben gekommen. Damit steht auch fest, dass die Produktion der V-Waffen doppelt so viel Tote forderte als ihr Einsatz.

Zu lange bleibt das dunkelste Kapitel der deutschen Geschichte ein gesellschaftliches Tabu. Erst ab Januar 1979, mit Ausstrah-

---

202 Der SS-Dienstgrad Sturmbannführer war mit dem Rang eines Majors vergleichbar.

203 Angela Fiedermann, Torsten Hess, Markus Jäger: *Das Konzentrationslager Mittelbau Dora. Ein historischer Abriss.* Verlag Westkreuz, Bad Münstereifel 1993, ISBN3-922131-94-8, S. 100 (Bericht des Dora-Überlebenden Adam Kabala).

lung der TV-Serie »Holocaust«, werden die Verbrechen der Nazis zum öffentlichen Diskussionsthema. Der Vierteiler ist wegen seiner brutalen und angeblich »trivialen« Szenen sehr umstritten. Auch viele ehemalige KZ-Häftlinge empören sich über das »kommerzielle Produkt«, sie schmähen es als »beleidigende Seifenoper«.[204] Ob Bernhard Strauß die Geschichte über den Leidensweg der Familie Weiss gesehen hat und wie er darauf reagierte, ist nicht überliefert. Aber der Film hat bundesweit eine nachhaltende Wirkung. Millionen Zuschauer sind erschüttert. 68 Prozent der 14- bis 29-jährigen sehen die Beiträge, Eltern und Großeltern müssen sich vielen unangenehmen Fragen stellen.

Der Streit um die Ausstrahlung der TV-Folgen dokumentiert den Zustand in der jungen Bundesrepublik und den Umgang mit der jüngeren Geschichte. Der Ankauf durch den WDR ist unter den Fernsehschaffenden und ihren Beiräten höchst umstritten. Im ARD-Hauptprogramm darf die Serie nicht erscheinen, die regionalen Anstalten einigen sich schließlich auf die zeitgleiche Ausstrahlung in den dritten Programmen. Um die Auftaktsendung »Endlösung, Judenverfolgung in Deutschland 1933–1945« zu verhindern, sprengen Peter Naumann, Jahrzehnte später ein rechtsextremer Politiker der NPD, und zwei Komplizen die ARD-Sendemasten in Koblenz und im westfälischen Nottuln. Mehrere hunderttausend Fernsehgeräte werden blockiert.

Die Gewalt eskaliert in den 70er Jahren mit dem jahrelangen Linksterror der RAF (34 Morde) und einer Serie rechtsradikaler Gewalt (182 Morde bis Februar 2020), in dessen Schatten die Neonazis expandieren. Die kriminelle Nürnberger Wehrsportgruppe Hoffmann und bundesweit agierende Gesinnungsge-

204 Auch der Schriftsteller Elie Wiesel (1929–2016), beurteilt den Film nach selbst erfahrener Lagerhaft in Auschwitz und Buchenwald sehr kritisch. Er sei eine aus kommerziellem Kalkül produzierte Seifenoper und eine »Beleidigung für die, die umkamen, und für die, die überlebten«

Aufnahme vom 6. April 1981 zur Goldenen Hochzeit der Eheleute Bernhard und Emilie (Emmi) Strauß. (Foto: privat)

nossen können sich von 1974 bis 1980 ungehindert und mit scharfen Waffen in paramilitärischen Nahkampfübungen auf einen »Tag X« vorbereiten. Im Oktober 1980 tötet der Bombenanschlag eines Rechtsterroristen zwölf Menschen auf dem Münchener Oktoberfest. Zwei Monate später erschießt ein Neo-Nazi den jüdischen Verleger Shlomo Lewin (69) und dessen Lebensgefährtin Frida Poeschke (57). So beginnt eine noch nicht umfassend aufgeklärte Gewaltserie, die bis heute kein Ende genommen hat.

Lange wird diese Entwicklung verharmlost, aber vom Terror betroffene Menschen wie Bernhard Strauß, reagieren besonders sensibel auf diese Ereignisse. Für die Verfolgten des Nazi-Regimes sind es alarmierende Veränderungen in der liberalen und scheinbar aufgeklärten Gesellschaft, aber auch die Folgen einer mangelhaft bewältigten Vergangenheit. Besonders wenn sie auf fünfzig bewegende Jahre zurückblicken, wie er und seine Frau, die in dieser Zeit nur wenige glückliche Momente erlebt haben. Solch eine Ausnahme ist der 6. April 1981, an dem sie im Familienkreis mit Kindern, Enkeln und Urenkeln ihre Goldene Hochzeit feiern dürfen.

Strauß bleibt bis ins hohe Alter ein rastloser Mensch, stets von innerer Unruhe getrieben. Viele Gewohnheiten des früheren Lagerlebens bestimmen seinen Alltag. *Morgens um fünf Uhr stand er immer auf,* erinnert sich seine Schwiegertochter Marlies Miethke. In Auschwitz hatten ihn zur selben Zeit die Trillerpfeifen der Wärter aus dem Schlaf gerissen. Und er holt nach, was ihm jahrelang verwehrt geblieben ist, manchmal grenzüberschreitend bis zum Ehebruch. Nach den damaligen Moralvorstellungen und Gesetzen ein Umstand, der ihm bei einer Scheidung nach damaliger Rechtsprechung die Schuld mit allen Folgekosten zugewiesen hätte. *Er wollte leben, und dabei ist er auch mehrfach fremdgegangen, doch seine Frau verzeiht ihm immer wieder seine Seitensprünge,* erinnern sich Familienangehörige.

Marlies Miethke, Witwe seines Stiefsohns Ernst, die sich seit 1973 während eines längeren Krankenhaus-Aufenthalts der Schwiegermutter zeitweise um den Schwiegervater kümmert: *Früh morgens saßen wir schon im Wohnzimmer, und immer wieder erzählte er dann von seinem Lagerleben, es waren für ihn grausame Erinnerungen, die auch mich immer wieder zum Weinen brachten. Es gab vermutlich nur wenige, die seine Lebensgeschichte hören wollten. Weil ich ihm stets interessiert Anteil nahm, hatte sich zwischen uns ein besonderes Vertrauensverhältnis entwickelt. Und so erfuhr ich Erlebnisse, die er sonst nie preisgegeben hätte. Irgendwann um 1973 gab er mir das Buch »Der gelbe Stern« – eine vielbeachtete Dokumentation über die Judenverfolgung im Dritten Reich. Er sagte: Lies es, aber denke dabei immer daran: kein Buch und kein Film können beschreiben, was wir wirklich erlebt haben.*

Bei Arztbesuchen reagiert Strauß besonders sensibel, und wenn ein Mediziner seine Vorgeschichte nicht kennt, kann das tragisch enden. Marlies Miethke: *Einmal kam mein Schwiegervater aufgeregt nach Hause. Er weinte verzweifelt und erzählte mir: Stell dir vor, der Arzt hat mit mir dasselbe gemacht wie seine Kollegen im KZ.* In diesem Fall hatte ihm ein junger Mediziner im Verlauf einer Vorsorgeuntersuchung notwendigerweise in den After gefasst, aber ähnlich wie bei den ärztlichen Kontrollen im Konzentrationslager. Für Strauß war das auch noch vier Jahrzehnte später ein traumatisches Erlebnis.

1987 wird Bernhard Strauß zum ersten Mal von einem Repräsentanten der Heimatstadt über sein Schicksal befragt. Verbittert betont er im Tonbandinterview mit dem Stadtarchivar Dr. Hans-Jürgen Sarholz, es sei traurig, dass das 42 Jahre gedauert habe. Er sei sehr erbost darüber, dass die *Herren der Stadt so wenig Interesse finden,* und bisher kein Bürgermeister oder Ratsherr die Zeit hatte, sich mit ihm mal über seine Erlebnisse zu unterhalten. Das wäre ihm sehr wichtig gewesen. Strauß: *das gehört sich doch so. Das wäre ihre Pflicht gewesen. Sie sollten sich schämen. Ich habe die Stadt nie in Anspruch genommen, die hat mir bisher keinen Pfennig gezahlt. Wenn damals die Besatzung nicht gewesen wäre, dann hätte ich noch nicht einmal ein Taschentuch besessen*[205]. Tatsächlich hat Strauß nach seiner Rückkehr aus der KZ-Haft kein Geld von der Stadt bekommen, ausgenommen die Gehaltszahlungen für seine frühere Tätigkeit als kommunaler Angestellter im Polizeidienst.

Wie ist es heute zu erklären, dass die Repräsentanten der Stadt die wirklichen Opfer des Nazi-Systems vergessen, vielleicht sogar ignoriert haben, während hier sogar die Rückkehr von Kriegsverbrechern mit Anteilnahme gewürdigt wurde? War es die Scham der Tätergeneration und ehemaligen HJ-Zöglinge, die einst vielleicht mitgemacht, weggeschaut oder sogar

---

205 SABE: Tonbandinterview mit Dr. Hans-Jürgen Sarholz am 29.8.1987.

Schmählieder gegen Juden gesungen haben? Bad Ems ist damit aber kein Einzelfall. In nur wenigen Kommunen der Bundesrepublik haben die Opfer des Faschismus Anteilnahme und Hilfe erfahren.

Die Erinnerung an das Kriegsende und die Aufarbeitung der Geschichte bleibt für die meisten Deutschen bis in die 80er Jahre ein unbequemes Thema. Sie beklagen ihre Opfer, fühlen sich zu oft als solche und verschweigen die Täter. Die Mehrheit ignoriert, wie es dazu gekommen ist. Allen voran die Kultusministerien der Bundesländer, denn in den Schulen wird über die Jahre 1933 bis 1945 erst seit den frühen 70er Jahren gesprochen, anfangs sehr zaghaft und distanziert. Verdrängen und Vergessen bestimmt den Alltag, beflügelt durch die zunehmenden »Schlussstrich-Debatten«. Man spricht vom »verlorenen Krieg« und vom »Zusammenbruch«. Nur selten vom Ende der Nazi-Diktatur, und dass es ohne die Alliierten nicht dazu gekommen wäre.

Für Bernhard Strauß ist der 8. Mai seit 1945 ein »Tag der Befreiung vom Nationalsozialismus«. Erst 40 Jahre später betont das Bundespräsident Richard von Weizsäcker in einer historisch bedeutenden Rede. Für die Ewiggestrigen bleibt es auch 75 Jahre danach »ein Tag der absoluten Niederlage.«[206] Eine wirkliche Gedenkkultur der Nachfolgegeneration seiner vielfach schuldig gewordenen Mitbürger kann der letzte Jude von Bad Ems nicht mehr erleben. Die unselige Renaissance des Faschismus bleibt ihm erspart, das öffentliche Auftreten Rechtsradikaler mit dumpfen Parolen, ihre gewaltsamen Übergriffe und die nicht endenden Mordanschläge. Auch die schockierenden Fern-

---

206 AfD-Fraktionschef Alexander Gauland am 6. Mai 2020 in einem Gespräch mit dem Redaktionsnetzwerk Deutschland (RND): Der 8. Mai 1945 lasse sich nicht zum Glückstag für Deutschland machen. *»Für die KZ-Insassen ist er ein Tag der Befreiung gewesen. Aber es war auch ein Tag der absoluten Niederlage, ein Tag des Verlustes von großen Teilen Deutschlands und des Verlustes von Gestaltungsmöglichkeit.«*

Letzte Erinnerung: Inschrift am »Handwerker-Brunnen« in der Bad Emser Friedrichstraße, in der auch die Familie Strauß einst lebte und arbeitete. (Foto: W. Dieterichs)

sehbilder des durch NS-Symbole offen zur Schau getragenen Machtanspruchs, mit dem sogenannte Reichsbürger und Neonazis am 29. August 2020 in Berlin dumpfe Parolen pöbelnd den Reichstag in Berlin stürmen wollen. Nur wenige Tage später kommt es mehrfach und bundesweit zu Polizeiskandalen, bei denen unter anderem in Nordrhein-Westfalen 30 Beamte und Beamtinnen wegen neonazistischer Aktivitäten suspendiert werden. NRW-Innenminister Reul spricht von *»übelster, widerwärtiger rechtsradikaler Hetze«*. Nicht vertrauenswürdiger geht es in einigen Verfassungsschutzbehörden zu.

In Hessen bleibt ihre Rolle bei den NSU-Verbrechen ungeklärt, und rechtsradikale Chatgruppen haben sich bei ihnen länderübergreifend breitgemacht. Es stimmt schon sehr bedenklich, wenn »Schützer« zu Tätern werden. Inzwischen ist es aber auch wieder so weit, dass Juden in Deutschland nicht mehr sicher sind. Der Antisemitismus wird immer bedrohlicher, Beleidigungen, tätliche Angriffe und Morddrohungen sind jüdischer Alltag. Die Täter kommen nicht nur aus der rechtsradikalen Szene, sie stammen auch zunehmend aus islamistischen Kreisen, massiv unterstützt von judenfeindlichen Syrien-Flüchtlingen und Angehörigen der türkisch-nationalistischen Szene. Ein weiterer Aspekt dokumentiert die zunehmende Radikalität und den gesellschaftlichen Zerfall: seit die Corona-Pandemie um sich greift, missbrauchen Verschwörungstheoretiker den gelben Davidsstern, das Symbol der nationalsozialistischen Unterdrückung, für ihre Protestaktionen. Es kommt noch schlimmer: so genannte »Querdenker« und Coronaleugner vergleichen sich auf Demonstrationen in ihrer vermeintlichen Opferrolle mit der 1943 hingerichteten Widerstandskämpferin Sophie Scholl[207] und dem NS-Opfer Anne Frank[208] (1945 im KZ Bergen-Belsen ermordet).

---

207 Äußerung der Rednerin Jana aus Kassel bei ihrem Auftritt am 21.11.2020 auf dem Opernplatz in Hannover.

208 Vergleich einer Elfjährigen am 14.11.2020 während ihrer Rede vor 1000 Demonstranten in Karlsruhe.

Grabstätte von Bernhard Strauß und seinem Vater August auf dem Jüdischen Friedhof in Bad Ems. (Foto: W. Dieterichs)

Am 29. März 1989 stirbt Bernhard Strauß nach langem Leiden, er wird 78 Jahre alt. Seine Beisetzung findet im engsten Familienkreis auf dem jüdischen Teil des Bad Emser Friedhofs statt, die wiederholten Schändungen dieser von ihm lange behüteten Anlage musste er nicht mehr erleben.[209] Mit dem Tod seines Sohnes Günter[210] am 6. August 2020 endet die tragische Geschichte der Familie Strauß, ihr Schicksal bleibt besonders wegen der gesellschaftlichen Entwicklung in mahnender Erinnerung.

209 Schändung des jüdischen Friedhofsbereichs in Bad Ems: unter anderem Ende Februar 2020 die Verunstaltung des Taharahauses (Trauerhalle) mit Hassparolen.

210 Günter Strauß starb am 6. August 2020 mit 87 Jahren in einem Bad Emser Seniorenheim.

Epilog

Diese Lebensgeschichte soll daran erinnern und mahnen, dass Demokratie das wertvollste Gut unserer Gesellschaft ist, aber kein selbstverständlicher Zustand. Ich habe diese Dokumentation erarbeitet, damit auch die letzten Mitläufer und fehlgeleiteten Wähler begreifen, dass Rechtspopulisten und Radikale in diesem Land das wahre Unglück sind.

Wilfried Dieterichs

Abkürzungen:

A4: Aggregat 4 (V2-Rakete)

BA: Bundesarchiv

BASF: Badische Anilin- und Soda Fabrik

BBC: British Broadcasting Corporation

BDM: Bund Deutscher Mädel

EZ: Emser Zeitung

Gestapa: Staatspolizeiamt

Gestapo: Geheime Staatspolizei

HHStAW: Hessisches Hauptstaatsarchiv Wiesbaden

HJ: Hitlerjugend

ITS: International Tracing Service

KAPO: auch Capo, Bezeichnung der Position eines Funktionshäftlings im KZ.

KL: Konzentrationslager

KPD: Kommunistische Partei Deutschlands

KZ: Konzentrationslager

LAS: Landesarchiv Schleswig-Holstein

LZ: Lahnzeitung

NARA:	National Archives and Records Administration (Washington DC/College Park, Maryland)
NASA:	National Aeronautics and Space Administration
NS:	Nationalsozialismus, auch Kürzel für nationalsozialistisch
NSDAP:	Nationalsozialistische Deutsche Arbeiterpartei
Pg:	Parteigenosse
RAD:	Reichsarbeitsdienst
SA:	Sturmabteilung, eine paramilitärische Kampforganisation der NSDAP
SABE:	Stadtarchiv Bad Ems
SAP:	Sozialistische Arbeiterpartei
SD:	Sicherheitsdienst des Reichsführers SS
SS:	Schutzstaffel
VdH:	Verband der Heimkehrer
V1:	Vergeltungswaffe 1
V2:	Vergeltungswaffe 2
WVHA:	Wirtschafts-Verwaltungshauptamt der SS

Quellen:

Arolsen Archives (International Center on Nazi Persecution), früher ITS (International Tracing Services), Arolsen

Stadtarchiv Bad Ems (SABE)

Hessisches Hauptstaatsarchiv (HHStAW), Wiesbaden

Landeshauptarchiv Koblenz

Bundesarchiv, Koblenz

Berlin Document Center (Bestand im Bundesarchiv)

Niedersächsisches Landesarchiv

Landesarchiv Nordrhein-Westfalen (Duisburg)

Gottfried Wilhelm Leibnitz Bibliothek, Hannover

Fritz Bauer Institut, Frankfurt

KZ-Gedenkstätte Mittelbau-Dora (Nordhausen)

Gedenkstätte Bergen-Belsen

Gedenkstätte Groß-Rosen (Archivum Walbrzych, Polen)

Deutsches Rundfunk Archiv

Archiwum Muzeum Auschwitz-Birkenau

Stiftung Brandenburgische Gedenkstätten (Gedenkstätte und Museum Sachsenhausen)

National Archives (NARA), Washington DC/College Park, Maryland)

Harvard Law School Library – Nuremberg Trials Project

FSB Archiv, Moskau

Entschädigungsakten des Amtes für Wiedergutmachung in Saarburg, Aktenzeichen BEG 1672 371 u. 46M.

Goethe Gymnasium Bad Ems (Archiv)

Div. Lagerberichte aus Sachsenhausen, Groß-Rosen, Auschwitz, Mittelbau-Dora, Bergen-Belsen.

Zeitzeugenberichte: Seit den 80er Jahren geführte Gespräche mit Anwohnern der Friedrichstraße, mit Bekannten und Sportsfreunden von Bernhard Strauß während der Vor- und Nachkriegszeit und ergänzenden Hinweisen aus schriftlichen Aufzeichnungen dieses Personenkreises und von ihnen hinterlassenen Dokumentationen.

Erinnerungen von Marlies Miethke, Witwe des Stiefsohnes von Bernhard Strauß

Dr. Hans-Jürgen Sarholz, SABE: Tonbandaufzeichnung v. 29.8.1987, Gespräch mit Bernhard Strauß

Landesarchiv Schleswig-Holstein (LAS)

Literatur:

Gerhard Schoenberner, Der gelbe Stern, C. Bertelsmann Verlag (1978), ISBN 3-570-05490-X

Raul Hilberg: Die Vernichtung der europäischen Juden (3 Bände), Fischer Taschenbuch Verlag

Raul Hilberg: Täter, Opfer, Zuschauer, Fischer-Taschenbuch Verlag

Raul Hilberg: Die Quellen des Holocaust, Fischer Taschenbuch Verlag

Fritz Bauer Institut (Frankfurt): Materialienmappe (Das Konzentrationslager Buna-Monowitz)

Louis Weber: Die Holocaust-Chronik (The Holocaust Chronicle), Tandem-Verlag (h.f. Ullmann Publishing), ISBN 978-3-8331-5767-7

Heather Morris: »Der Tätowierer von Auschwitz, Verlag Piper, ISBN 978-3-492-06137-7

Müller, Ingo: Furchtbare Juristen, Edition Tiamat, ISBN 978-3-89320-179-2

Jens-Christian Wagner: Produktion des Todes, Das KZ Mittelbau-Dora, Wallstein Verlag, ISBN 978-3-8353-1507-5

Otto Dov Kulka u. Eberhard Jäckel: Die Juden in den geheimen NS-Stimmungsberichten 1933–1945, Droste Verlag Düsseldorf, ISBN 3-7700-1616-5

Norbert Frei: Vergangenheitspolitik, Verlag C.H. Beck, München, ISBN 9783406413100

Magazine u. Zeitungen:

DIE ZEIT
DER SPIEGEL
Lahnzeitung (Jahrgänge 1930–1989)
Emser Zeitung (Jahrgänge 1910–1935)
Lahn-Bote
Bad Emser Anzeiger
Nassauer Bote 1910–1945
»Der Stürmer«
Nassauer Volksblatt
»Der Freiwillige«

Dank

Ohne vielseitige Hilfe wäre diese Dokumentation nicht möglich gewesen. Mein besonderer Dank geht an
- die Angehörigen der Familien Strauß und Miethke,
- das hilfreiche Team des früheren ITS-Dokumentationszentrums in Arolsen (heute Arolsen Archives),
- W. H. Jürgen Boll (Hamburg) für seine technische Textbetreuung,
- Dagmar und Peter W. Schröder, die mich aus Kanada zu Fragen der Thematik kompetent beraten haben und
- Dr. Jürgen Sarholz vom Stadtmuseum Bad Ems für die Bereitstellung seiner Tonbanddokumente und für die Unterstützung bei meinen Recherchen im städtischen Archiv.

Danken möchte ich aber auch der Stiftung
- Brandenburgische Gedenkstätten in Oranienburg (Sachsenhausen),
- den Archiven der ehemaligen Konzentrationslager Auschwitz und Groß-Rosen,
- der Gedenkstätte Mittelbau-Dora,
- dem Bundesarchiv in Koblenz,
- den Landeshauptarchiven in Wiesbaden und Koblenz,
- sowie den vielen Zeitzeugen, die mir mit persönlichen Erinnerungen und Aufzeichnungen weiterhelfen konnten.
- Nicht zu vergessen Professor Lutz Kaelber, der mir im Erfahrungsaustausch betr. einer eigenen Forschungsarbeit zu diesem Projekt wertvolle Hinweise geben konnte.

Wilfried Dieterichs

Wilfried Dieterichs, 1940 in Koblenz geboren, ab 1945 in Bad Ems aufgewachsen. Berufsweg: Feinmechaniker, Zeitsoldat, Studium mit Abschluss zum Maschinenbautechniker. Seit 1963 nebenberufliche Tätigkeit für Tageszeitungen in Süddeutschland und Frankreich (Elsass), 1967 endgültiger Wechsel zur Presse und Volontariat bei der Rhein-Zeitung (Koblenz). Nach der fachlichen Ausbildung und Praxis unter anderem in leitenden Positionen für verschiedene regionale und überregionale Tageszeitungen, verbunden mit zahlreichen Auslandsaufenthalten (unter anderem Reisereportagen aus Südamerika, Australien, USA, Asien). Mit dem Ende des Vietnamkrieges (1975) als Journalist in fast allen Krisengebieten weltweit tätig. Seit den 70er Jahren aber auch intensiv mit zeitgeschichtlichen Themen der jüngeren deutschen Vergangenheit beschäftigt. Autor des Buches »Herrenjahre in der Provinz, DIE STADT« und weiterer aus historischen Forschungsprojekten entstandenen Publikationen.

Wilfried Dieterichs

»HUGO – Die wilden Jahre einer Biker- und Rennsportlegende«

Diese Biografie ist mehr als ein Rückblick in die glorreiche Ära des deutschen Motorrad-Rennsports der frühen Trümmerjahre nach 1945. Sie dokumentiert, verbunden mit vielen bekannten Namen und interessanten Persönlichkeiten, auch eine verhängnisvolle Jagd nach Orden, Ehrenzeichen und Medaillen.
Hugo Schmitz startete seine ungewöhnliche Karriere mit einer aus Hinterlassenschaften des Krieges selbstgebauten Maschine. Seit 1948 gehörte er zur ersten »Liga« der Motorrad-Asse. Zeitzeugen beschreiben ihn als »verrückten Sonnyboy «, der auch Frauen in Scharen an die Rennpisten lockte.
Schließlich wurde er Vertrags- und Testfahrer für Horex, dann erfolgreicher Fachhändler der damals führenden Motorradmarke. Seine Generalvertretung war Anlaufstelle für Motorsportbegeisterte aus dem gesamten Bundesgebiet und den Nachbarstaaten. Man schätzte ihn als verlässlichen »Sonderausstatter« für Exklusivmodelle.
Schmitz war aber auch ein eigenwilliger »Paradiesvogel«, der seine Kunden mit Texaner-Hut, Baumwollhemd und Cowboystiefeln begrüßte und immer wieder durch spektakuläre Aktionen auffiel. Freihändige Fahrten, stehend auf dem Sattel gehörten zu seinen Standard-Auftritten, Polizeiprotokolle belegen die gefährlichen Eingriffe in den Straßenverkehr. Tollkühn blieb er: 2766 Kilometer in knapp 24 Stunden, dieser seit September 1968 ungebrochene Langstrecken-Rekord mit Beifahrerin erinnert an den risikofreudigen Außenseiter. Nicht nur auf Motorrädern war er sattelfest, auch als kühner Reiter. Das hatte er in Russland mit erbeuteten Kosakenpferden gelernt.
Mit diesem Buch entstand eine kurvenreiche Lebensgeschichte, die mit einer unruhigen Kindheit und den dann folgenden finsteren Zeiten beginnt, durch eine turbulente Nachkriegszeit führt und in der selbstgewählten Einsamkeit einer nordspanischen Küstenregion tragisch endet.

ISBN 978-3-89801-499-3 • 244 S. • Klappen-Broschur • 14,90 EUR

Marcel Bauer
»Schattenkinder«

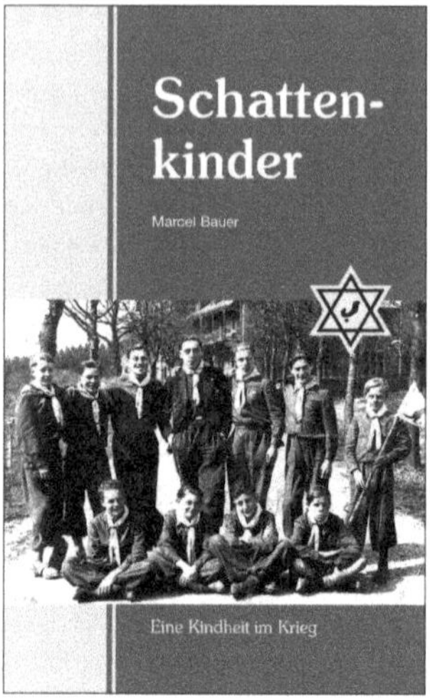

Eine Kindheit im Krieg

Dies ist die unglaubliche Geschichte von Joshua Rozenberg und seinem Plüschhasen Roro. Die Familie Rozenberg stammte aus Lodz. Als Mitte der 30er Jahre in Polen der Antisemitismus um sich griff, beschloss sie auszuwandern. Über die grüne Grenze in der Eifel gelangte sie nach Belgien. Joshuas Vater Ariel eröffnete in Seraing, einer Industriestadt an der Maas, eine Metzgerei.

Joshua und sein Bruder Menahim waren zwei von etwa 30.000 jüdischen Schattenkindern, die in Belgien den Zweiten Weltkrieg und die Schoah überlebten. Unter dem Namen Pierre Thonnar lebte Joshua von August 1942 bis zum September 1944 in Stoumont in den belgischen Ardennen. In dem 350-Seelen-Dorf nahm der Pfarrer Marcel Stenne fünfzehn bis zwanzig Jungen in der Ferienkolonie »Au grand Air« auf. Bei den Vinzentinerinnen, die in Stoumont ein Erholungsheim unterhielten, überlebten zwanzig bis dreißig jüdische Mädchen.

Im Dezember 1944, als der Krieg schon vorüber schien, holte er Joshua noch einmal ein, denn in dem kleinen Dorf wurde eine entscheidende Schlacht der Ardennenoffensive geschlagen. Joshua und sein Hase, die wie durch ein Wunder Krieg und Vernichtung entronnen waren, gerieten noch einmal zwischen die Fronten.

Ausgezeichnet mit dem Literaturpreis des Parlaments
der Deutschsprachigen Gemeinschaft Belgiens 2024

ISBN 978-3-89801-437-3 • 426 Seiten • Broschur • 13,50 EUR